Inhaltsverzeichnis

Alphabetische Strategie

Orthographische Strategie

Morphematische Strategie

Grammatische Strategie

Arbeitstechniken

ABC Der Hase sitzt im Klee. DE FGH Der Hase sitzt noch immer da. IK Wer kommt da? L so schnell? M und N Das ist einer, den ich kenn! O Der Hase lief davo… PQ RST UVWXY Der Has' lief wie der Blitz davon. „Oh, wenn ich ihn hätt!" ruft der Fuchs Z.

1 Im Rahmen kannst du ein ABC-Gedicht von Josef Guggenmos lesen. Markiere die ABC-Buchstaben farbig

2 Schreibe das ABC in kleinen und großen Buchstaben auswendig auf.

A, ______________________________

____

a, ______________________________

____

3 Schreibe die Nachbarbuchstaben auf.

	D	

	X	

	V	

	K	

	U	

	L	

	P	

4 ABC-Rätsel

Ich stehe zwischen **G** und **I**: ______

Ich stehe zwischen **Qu** und **S**: ______

Ich stehe zwischen **L** und **R** und bin ein Selbstlaut: ______

Ich bin der 11. Buchstabe im ABC: ______

Ich bin der vorletzte Buchstabe im ABC: ______

korrigiert: 

1. Setze die fehlenden Buchstaben ein.

2. Sprich das ABC. Markiere alle Buchstaben, die einen Mit-Klinger (Mitlaute) haben, blau.

Buchstaben für Mitlaute

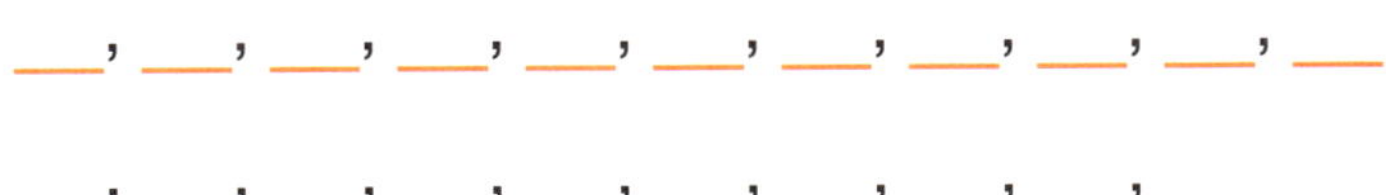

3. Markiere alle Buchstaben, die selbst klingen (Selbstlaute), orange.

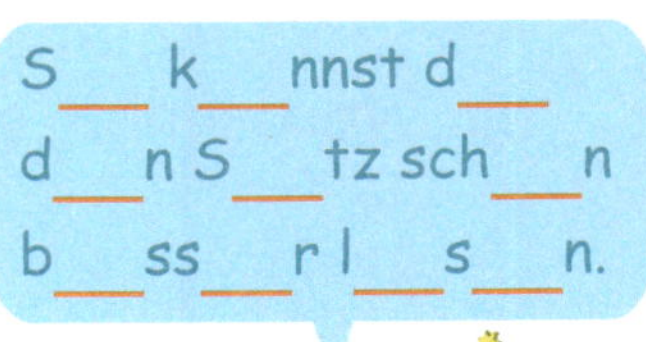

Buchstaben für Selbstlaute

4. Nicht im ABC. Die Umlaute Ä ä, Ö ö, Ü ü.
Setze ein:

der B___cker	fl___stern	die K___nigin	t___chtig
die Fl___te	s___gen	die ___bung	w___chentlich

korrigiert: 

die Sonne

sich sonnen

sonnig

die Sonnenmilch

sonntags

sonnenklar

der Sonntag

Dieser Baustein
heißt Wortstamm.

1. In diesen Wörtern ist immer ein Baustein gleich. Markiere ihn farbig.

> Am Wortstamm erkennst du, zu welcher Familie ein Wort gehört, z. B. zur Familie sonn

2. Ordne die Wörter nach Wortarten. Ein Wort bleibt übrig.

Namenwörter (Nomen): ______________________________

____

Tunwörter (Verben): ______________________________

Wiewörter (Adjektive): ______________________________

3. Markiere den Wortstamm sonn in den Wörtern aus Aufgabe 2.

3 Hier sind zwei Wortfamilien durcheinander geraten. Schreibe sie geordnet auf.

hitz feu

die Hitze das Feuerwerk hitzefrei der Hitzkopf
die Hitzewelle anfeuern erhitzen
feuern feuerrot das Feuer

Familie hitz

Familie feu

5 Markiere die Wortstämme im Kasten so:

Wortstammzeichen nicht vergessen.

6 Schwarzes Schaf: Ein Wort passt nicht zur Familie.
Streiche es und schreibe die anderen Wörter geordnet auf.

fühlen das Gefühl
gefühlvoll füllen

die Not notwendig
notieren der Notruf

Familie :

Familie :

korrigiert:

Wörter haben Bausteine

die Sonn e   sich sonn en   an feu ern

er hitz en   der Herr

Welches Zeichen passt: └┘, •┘ oder └•?

Wortstamm: ____   Vorsilbe: ____   Endung: ____

1. Markiere die Bausteine mit den passenden Zeichen.

fall en	herr lich	bau en	auf bau en
an geb en	der Un fall	der Zug	der Flug
flieg en	der Um zug	brumm ig	die Burg

2. Ordne die Wörter nach ihrem Bauplan. Markiere die Bausteine.

└┘: ________________________________

└┘•┘: ________________________________

____

└•└┘: ________________________________

└•└┘•┘: ________________________________

3. Markiere die Bausteine.

spitz en	an spitz en	der Spitz er	spitz
die Spitz e	zu spitz en	spitz eln	

Alles Mitglieder aus der Familie └________┘.

Schlag im Wörterbuch nach.

4 Schreibe eigene Wörter zu den Bauplänen.

⌊⌋: ______

⌊⌋•⌋: ______

⌊•⌊⌋: ______

⌊•⌊⌋•⌋: ______

______

5 Schreibe passende Wortstämme in die Lücken.
Markiere die Bausteine.

lauf fahr ruf sing schreib füll

vor sing en | ab ______ en | aus ______ en

unter ______ en | weg ______ en | um ______ en

6 Schreibe mögliche Vorsilben zu den Wortstämmen.
Markiere die Bausteine.

auf ab an um nach über vor ver

auf steh en | ______ stehen | ______ stehen

______ blicken | ______ blicken | ______ blicken

______ rennen | ______ rennen | ______ rennen

korrigiert: ☆

Im Wörterbuch nachschlagen

So findest du die Wörter schneller.

Vorne	Mitte	Hinten
ABCDEFGHI	JKLMNOPQR	STUVWXYZ

① Ist der 1. Buchstabe des Wortes eher vorne (V), in der Mitte (M) oder hinten (H) im Wörterbuch. Kreuze an.

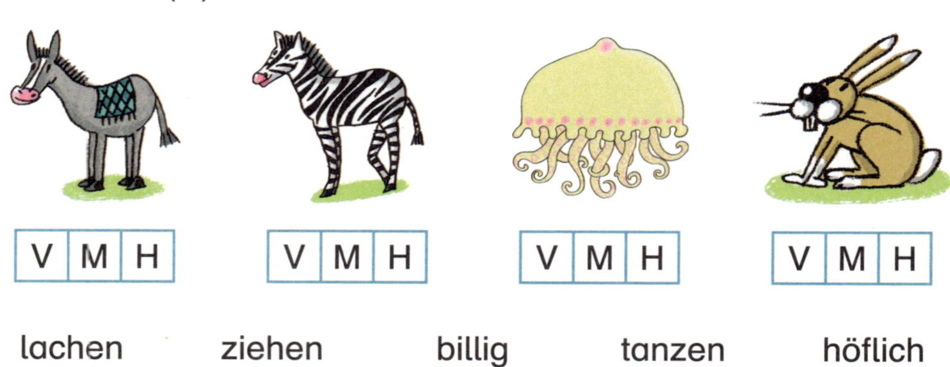

V	M	H		V	M	H		V	M	H		V	M	H

lachen	ziehen	billig	tanzen	höflich
V M H	V M H	V M H	V M H	V M H

② Suche die Wörter im Wörterbuch und schreibe sie richtig ab.

3 Achte auf den 2. Buchstaben. Markiere den 2. Buchstaben.
In welcher Reihenfolge stehen die Wörter im Wörterbuch?
Trage die Ziffern 1–4 ein.

☐ Feld ☐ Farbe ☐ Fuß ☐ Fleiß

Trage die Ziffern 1–3 ein.
Schlage die Wörter nach und schreibe sie auf.

☐ ______ ☐ ______ ☐ ______

4 Achte auf den 3. Buchstaben. Markiere den 3. Buchstaben.
In welcher Reihenfolge stehen die Wörter im Wörterbuch?
Trage die Ziffern 1–4 ein.

☐ Garage ☐ Gabel ☐ Gas ☐ Gans

Trage die Ziffern 1–3 ein. Schlage die Wörter nach und schreibe sie auf.

☐ ______ ☐ ______ ☐ ______

korrigiert: ☆

Sprechen und schreiben (1)

Deutlich sprechen hilft dir hier!

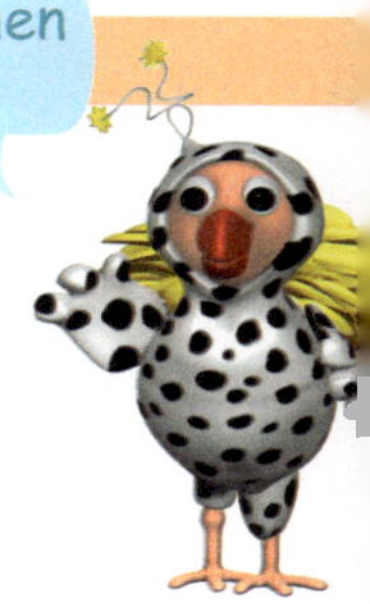

1 Zeichne für jeden Laut, den du hörst, einen Kreis. Schreibe dann die Buchstaben darunter.

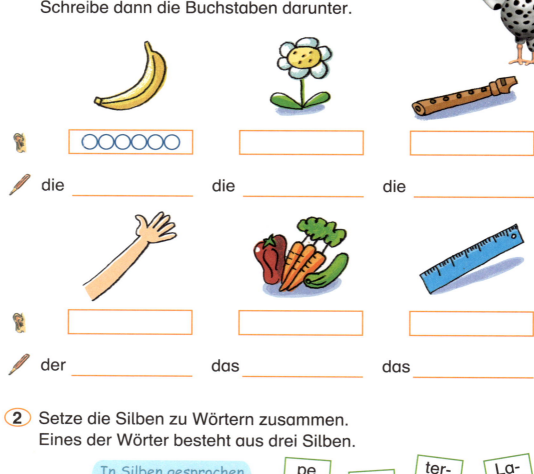

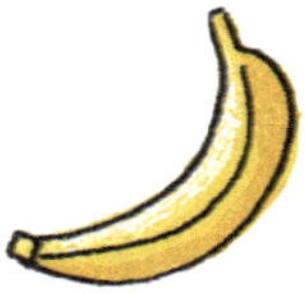

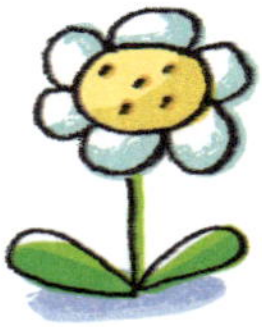

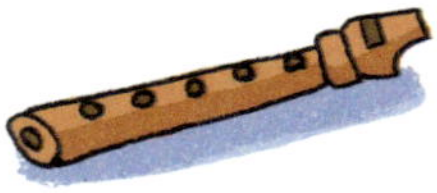

○○○○○○		
die ______	die ______	die ______
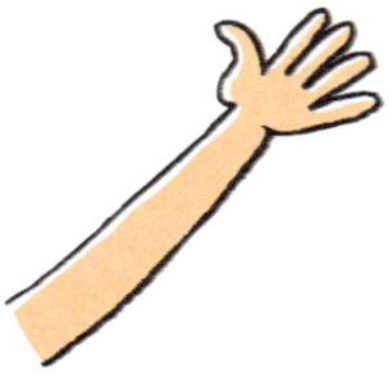	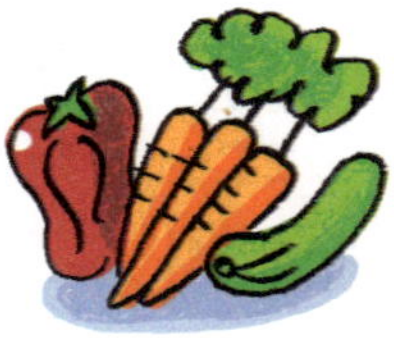	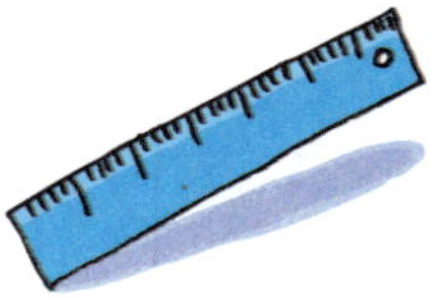
der ______	das ______	das ______

2 Setze die Silben zu Wörtern zusammen. Eines der Wörter besteht aus drei Silben.

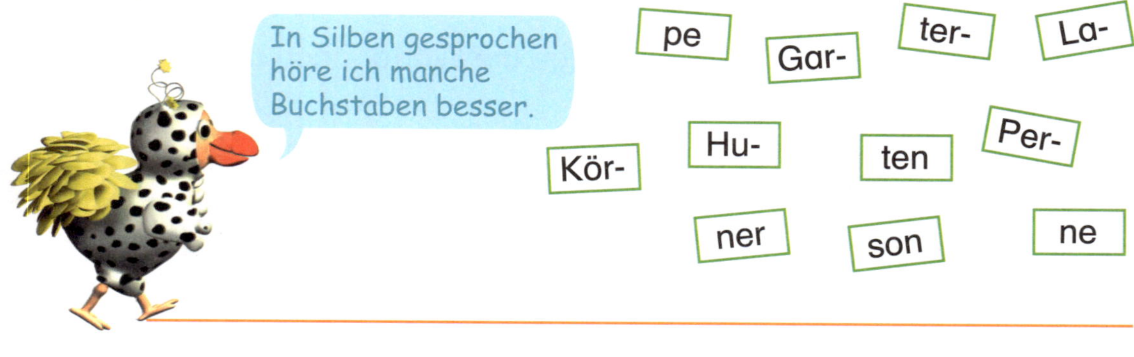

______

______

______

3 Schwinge die Wörter in Silben und zeichne die Silbenbögen ein.

der Elefant das Tor die Postkarte

das Regal die Tapete der Wal

die Rosenblüte die Ruhe der Kaktus

4 Trage die fehlenden Buchstaben orange ein.

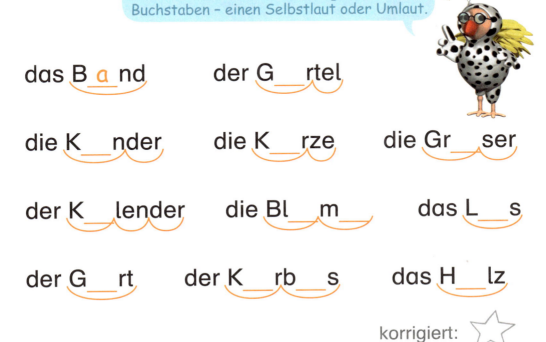

Jede Silbe braucht einen klingenden Buchstaben – einen Selbstlaut oder Umlaut.

das B a nd der G __ rtel

die K __ nder die K __ rze die Gr __ ser

der K __ lender die Bl __ m __ das L __ s

der G __ rt der K __ rb __ s das H __ lz

korrigiert:

Sprechen und schreiben (2)

Manche Laute werden mit 2 oder 3 Buchstaben geschrieben.

1 Hier fehlt etwas!

das ◯ to

das ◯ af

die L ◯ ne

das Da ◯

die Za ◯ e

die ◯ le

die Zu ◯ e

der H ◯

die M ◯ se

die B ◯ ne

die Fla ◯ e

der B ◯ m

ai ch Sch äu ie Au ng ei sch Eu ng au

Ich spreche „scht“ und „schp“, aber ich schreibe …

2 Der Anfang dieser Wörter wird anders geschrieben als gesprochen. Fülle die Lücken.

der ______ein

der ______orch

der ______ern

das ______arschwein

der ______achtel

der ______echt

Die Endungen **-el**, **-er** und **-en** musst du sehr deutlich sprechen.

3 Achte bei diesen Wörtern auf das Ende.

der ______________

der ______________

die ______________

der ______________

das ______________

die ______________

korrigiert:

Schnelles und fehlerfreies Abschreiben kannst du trainieren.
Übe nach folgenden Schritten:

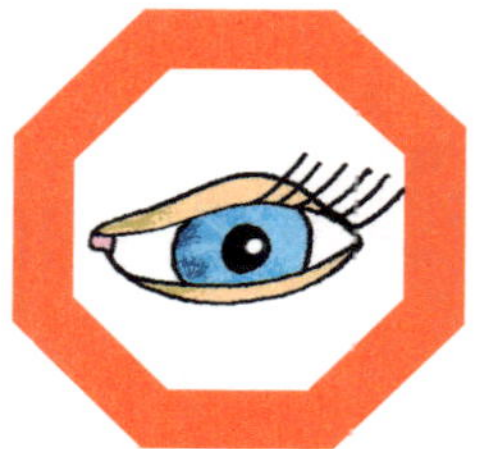

Ich lese mir einen Satz genau durch.

Gibt es für mich schwierige Stellen?
– Dann markiere ich sie.

Ich merke mir den Satz oder
einen Teil davon – so viel,
wie ich gut schaffen kann.

Ich schreibe auswendig auf.

Ich kontrolliere Wort für Wort.
Fehler bessere ich aus.

Schreibe ab.

Heute machen meine Eltern, meine kleine Schwester und ich einen Ausflug. Wir fahren zum Flughafen und besichtigen dort den Besucherpark. An der Kreuzung vor dem Flughafen biegen wir links ab. Auf einem großen Parkplatz stellt Papa das Auto ab. Für einen Euro Eintritt können wir auf einen Hang steigen und von dort das Rollfeld beobachten. Fast jede Minute startet oder landet ein Flugzeug. Ob der Beruf des Piloten auch etwas für mich wäre?

korrigiert:

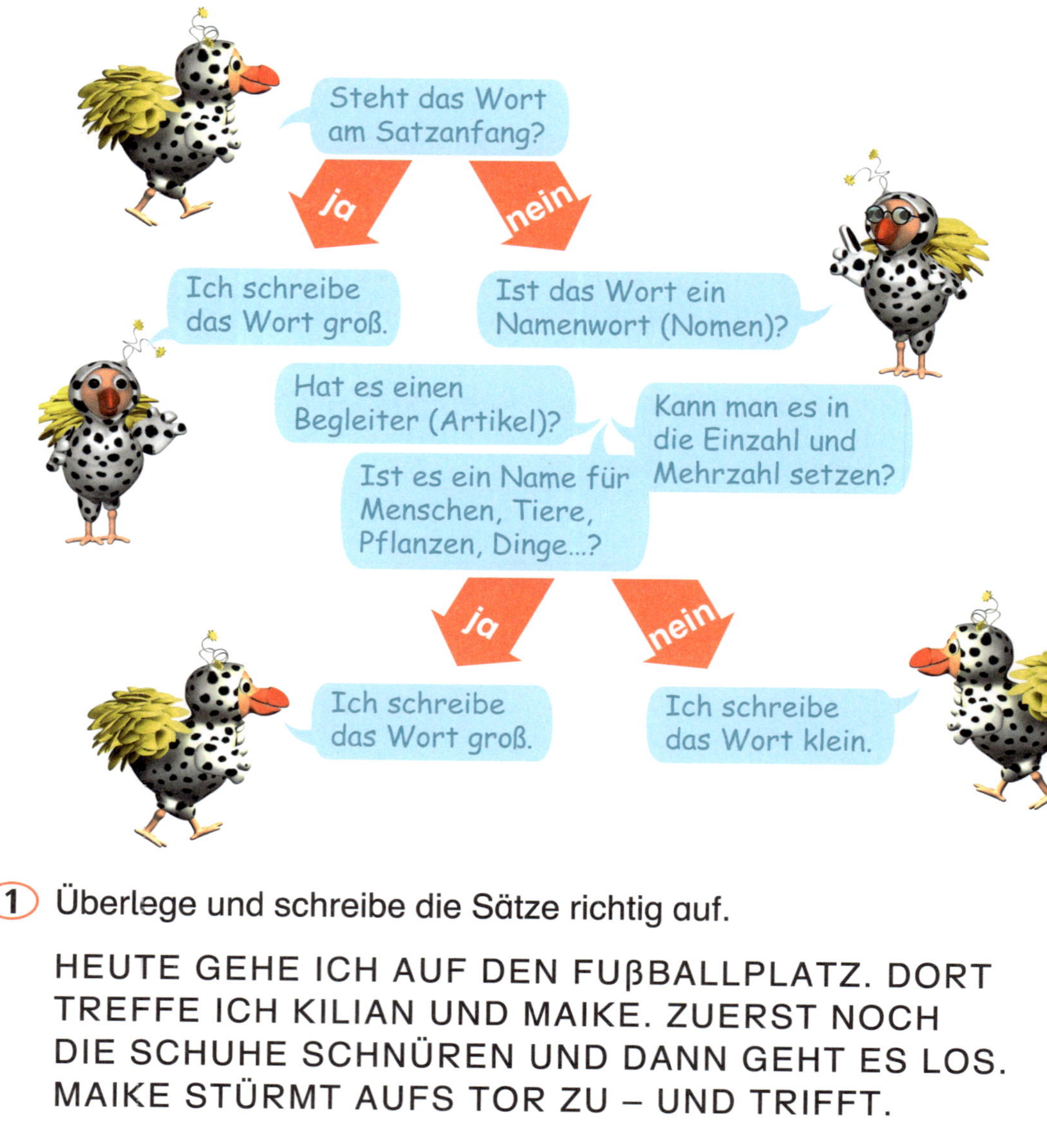

1 Überlege und schreibe die Sätze richtig auf.

HEUTE GEHE ICH AUF DEN FUßBALLPLATZ. DORT TREFFE ICH KILIAN UND MAIKE. ZUERST NOCH DIE SCHUHE SCHNÜREN UND DANN GEHT ES LOS. MAIKE STÜRMT AUFS TOR ZU – UND TRIFFT.

2 Schreibe jeweils den bestimmten und unbestimmten Begleiter (Artikel) zum Namenwort (Nomen).

die ____ / eine ____ Kastanie	____ / ____ Block	____ / ____ Herz
____ / ____ Album	____ / ____ Beet	____ / ____ Qualle
____ / ____ Bäcker	____ / ____ Lilie	____ / ____ Kusine

3 In jedem Satz fehlt das passende Namenwort. Setze ein.

Namen für Gefühle, Ereignisse, Eigenschaften nennt man abstrakte Namenwörter.

Wenn es donnert, habe ich ____________________.

Mir ist meine Tasse runtergefallen. So ein ____________________.

Ein ____________________ meiner Mama sagt mir alles.

In der Klasse lachen wir oft und haben ____________________.

Die nächste Stadt liegt in großer ____________________.

Vor ____________________ bekomme ich eine Gänsehaut.

Was wünscht du dir für die ____________________?

ENTFERNUNG SPAß PECH ANGST SCHRECK ZUKUNFT BLICK

korrigiert:

1 In diesem Suchsel findest du 12 Namenwörter (Nomen).

F	S	Z	G	G	N	B	O	S	H	E	I	T	F	C
R	Z	I	N	E	R	A	O	C	C	C	F	E	R	U
Ö	H	M	A	M	B	H	J	H	H	Y	E	R	E	Z
H	S	P	H	Ü	F	K	H	W	E	E	S	W	C	Q
L	A	F	R	T	R	K	K	I	S	I	T	A	H	H
I	M	U	U	L	E	Q	F	E	E	P	L	R	H	E
C	M	N	N	I	I	C	L	R	X	G	I	T	E	I
H	L	G	G	C	H	U	J	I	H	X	C	U	I	Z
K	U	Q	Q	H	E	L	C	G	O	S	H	N	T	U
E	N	X	V	K	I	A	O	K	X	L	K	G	R	N
I	G	N	N	E	T	M	J	E	K	H	E	B	G	G
T	Z	B	K	I	J	M	E	I	M	G	I	Q	O	E
Y	R	N	K	T	C	U	L	T	T	P	T	V	A	F

2 Schreibe die Wörter mit Begleiter geordnet auf.

-ung: ____________________

-heit: ____________________

-keit: die Festlichkeit, ____________________

?! Was fällt dir am Begleiter dieser Wörter auf?

3 Verwandle diese Wörter in Namenwörter. Ordne passend zu.

heiter krank biegen ehrlich neu dumm führen
erholen ähnlich blind verschmutzen langsam

biegen → die Biegung

-ung

-heit

-keit

?! Welche Wortart wird durch **-ung** zum Namenwort? ______

Welche Wortart wird durch **-heit** zum Namenwort? ______

Welche Wortart wird durch **-keit** zum Namenwort? ______

korrigiert: ☆

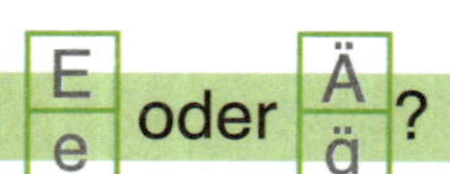

E e oder Ä ä?

In jeder ersten Silbe klingt der Selbstlaut fast gleich. Was schreibst du?

1 Sprich die Wörter.

2 Vervollständige die Tabelle.

	Gibt es einen Verwandten mit A a?	Also schreibe ich …
	der Ball	die Bälle
	—	die

Wenn ich nicht weiß, ob ich E e oder Ä ä schreiben soll, dann …

3 Verwandle in die Ä/ä-Form.

Benutze dazu einen farbigen Stift.

Gräser	→	die Gräser
Apfel	→	
warm	→	
Wald	→	
hart	→	
kalt	→	
Stadt	→	

4 Verbinde die Wortverwandten und ergänze den fehlenden Buchstaben. Schreibe die Verwandten nebeneinander auf.

backen	der J___ger	k___mmen	die Naht
die Kraft	lang	der B___cker	jagen
der Kamm	n___hen	die L___nge	kr___ftig

korrigiert:

Eu/eu oder Äu/äu?

In jeder ersten Silbe klingt der Selbstlaut gleich. Was schreibst du?

1 Sprich die Wörter.

2 Vervollständige die Tabelle.

	Gibt es einen Verwandten mit Au/au?	Also schreibe ich …
	der Baum	die Bäume
	—	die

?! Wenn ich nicht weiß, ob ich Eu/eu oder Äu/äu schreiben soll, dann …

③ Verwandle in die Äu/äu-Form.

Benutze dazu einen farbigen Stift.

Träume	→	die Träume
Kraut	→	
Raum	→	
Braut	→	
laut	→	
Bauch	→	
Laus	→	

④ Verbinde die Wortverwandten und ergänze den fehlenden Buchstaben. Schreibe die Verwandten nebeneinander auf.

s___bern	laufen	tr___men	rauben
bauen	der R___ber	h___ten	sauber
die Haut	das Geb___de	der Traum	der L___fer

korrigiert:

Das Ende kann täuschen – **t** oder **d**?

Jedes Wort klingt am Ende gleich. Was schreibst du?

① Sprich die Wörter.

② Vervollständige die Tabelle.

	⟿ 👪 ◡◡	Also schreibe ich …
(Wälder)	die Wäl - der	der Wald
(Apfelsaft)	die Säf - te	der
(Hand)		
(Hemd)		
(Pferd)		
(Heft)		
(Brot)		
(Geld)		
(Hund)		
(Mond)		

?! Wenn ich nicht weiß, ob ich am Ende eines Wortes **t** oder **d** schreiben soll, dann … ____________________

____

3 Entscheide ob **d** oder **t**.

das Kin___

____

das Fel___

____

der Gur___

____

der Hel___

____

das Lan___

____

der Bar___

____

4 Verbinde die Wortverwandten und ergänze den fehlenden Buchstaben. Schreibe die Verwandten nebeneinander auf.

die Räder	das Ban___	der Fremde	der San___
sandig	frem___	das Ra___	die Strände
blon___	der Stran___	die Bänder	die Blondine

____

____

____

korrigiert:

Das Ende kann täuschen – **k** oder **g**?

Jedes Wort klingt am Ende gleich. Was schreibst du?

① Sprich die Wörter.

② Vervollständige die Tabelle.

		Also schreibe ich …
	die Ber - ge	der Berg
	die Bän - ke	die

?! Wenn ich nicht weiß, ob ich am Ende eines Wortes **k** oder **g** schreiben soll, dann … ________________

____

3 Setze ein passendes Wiewort (Adjektiv) ein.

der Schmutz → der schmutzige Stiefel

also: schmutzig

die Ecke → der ______ Tisch

also: ______

die Kurve → die ______ Straße

also: ______

der Schleim → die ______ Schnecke

also: ______

das Gift → der ______ Trank

also: ______

4 Grundform gesucht! Finde so den fehlenden Buchstaben.

er fe__t | fe - gen

er flie__t | ______

sie sin__t | ______

sie par__t | ______

es sin__t | ______

er na__t | ______

korrigiert:

Das Ende kann täuschen – **p** oder **b**?

Jedes Wort klingt am Ende gleich. Was schreibst du?

(1) Sprich die Wörter.

(2) Vervollständige die Tabelle.

	⤳ 👫 ◡◡	Also schreibe ich …
	die Sie - be	das Sieb
	die Bio - to - pe	das

?! Wenn ich nicht weiß, ob ich am Ende eines Wortes **p** oder **b** schreiben soll, dann … ______________________

____

3 Verlängere und entscheide!

es kle(b/p)t	kle - ben	es klebt
er schie(b/p)t		
es klum(b/p)t		
sie lo(b/p)t		
er gi(b/p)t		
sie hu(b/p)t		

4 Finde weitere Wörter aus der Wortfamilie lieb.
Die Wortbausteine und das Wörterbuch helfen dir.

ver- -ling -heit -lich -t -en Ver- -te -te -ter Be- be-

korrigiert:

h zwischen den Selbstlauten

(1) Trage **h** ein. Markiere die Selbstlaute farbig. Schreibe die Wörter in Silben.

zieen – das wäre ganz schön unübersichtlich!

zie___en	ste___en	flie___en
zie - hen	___	___
dre___en	gesche___en	ge___en
___	___	___
blü___en	mä___en	ru___en
___	___	___
glü___en	krä___en	mu___en
___	___	___

(2) Setze Tunwörter mit **h** ein und markiere **h**. Bilde die Grundform.

Der Kreisel d __________ sich. drehen

Der Wind w __________ kräftig. __________

Die Kuh m __________. __________

Der Hahn k __________. __________

3 Markiere **h**. Bilde das passende zweisilbige Wort.
Schreibe es in Silben.

das Reh	die	____________
der Schuh	die	____________
der Floh	die	____________
der Zeh	die	____________
Oh weh!	der	____________ Zeh
froh	das	____________ Kind

4 Einmal **h**, immer **h**! Schreibe die Wörter aus der Wortfamilie.
Markiere alle h.

die N________nadel

ver________

sie ________t

näh

an________

die N________t

ab________

der N________faden

korrigiert: ☆

① Entscheide, ob die Wörter groß oder klein geschrieben werden. Schreibe Namenwörter mit Begleiter und der Mehrzahl auf.

WOLKE	die Wolke	die Wolken
FLÜSTERN	flüstern	
HOFFNUNG		
HILFE		
SAUBER		
ROT		
GLÜCK		
REINIGUNG		
KRANKHEIT		
LIEBE		
STOLPERN		
HELL		
MEINUNG		
FROHSINN		
LAMA		
NEU		
HAUFEN		
POST		

?! Bei manchen Namenwörtern gibt es keine Ein- und Mehrzahl. Finde weitere davon.

Richtig schreiben lernen mit den Rechtschreib-Stars

Aufbau und Gestaltung der Rechtschreib-Stars

Die Rechtschreib-Stars wecken sowohl durch ihren Aufbau als auch durch ihre Gestaltung die Übungsfreude des Kindes.
Alle wichtigen rechtschriftlichen Lernthemen einer Jahrgangsstufe finden sich in einer sinnvollen Übungsabfolge im Heft. Die Übungen zu einem bestimmten rechtschriftlichen Phänomen werden übersichtlich auf einer Doppelseite angeboten.
Wiederkehrende Übungsformen ermöglichen es dem Kind, die Aufgaben weitgehend ohne Hilfe von Erwachsenen zu lösen. Grundlegende Arbeits- und Lerntechniken werden so kontinuierlich wiederholt, hilfreiche Rechtschreibstrategien entwickelt und gesichert. Diese werden nicht als fertige Regel präsentiert. Vielmehr erhalten die Kinder die Möglichkeit, durch vielfältigen Umgang mit Wörtern Strategien zu entdecken, sie zu überprüfen und anzuwenden.
Mit dem beigelegten Lösungsheft können Lernergebnisse selbstständig kontrolliert und reflektiert werden. Lernbegleiter ist der Dodo Findefix, er gibt Tipps und Anregungen und macht wichtige Erkenntnisse immer wieder bewusst.

Die Inhalte der Rechtschreib-Stars orientieren sich auch an der Entwicklung der individuellen Fähigkeiten im Richtigschreiben. So wird, auch durch einen flexiblen Einsatz des vorhergehenden und des nachfolgenden Heftes, eine individuelle Förderung des jeweiligen Kindes ermöglicht.

Die farbenfrohe, kindgerechte Gestaltung ermuntert zu selbstständiger und motivierter Arbeit. So setzt das Kind sich kontinuierlich und mit Freude mit den Heftinhalten auseinander und erzielt dadurch individuelle Lernfortschritte, die auch durch die Vielzahl farbiger Illustrationen angebahnt und unterstützt werden.

Wie Kinder richtig schreiben lernen

Anfangs schreiben Kinder wie sie sprechen, sie entwickeln Freude am Schreiben, das Richtigschreiben ist dabei unbedeutend. Erst im Vergleich mit der allgemeingültigen Rechtschreibung und durch gezielt angeregte Reflexion erkennen Kinder, dass viele Wörter anders geschrieben als gesprochen werden.

Neben dem individuellen Zugriff des Kindes kann eine typische Abfolge im Erwerb rechtschriftlicher Kompetenzen angenommen werden, was die folgende Tabelle aufzeigt:

Ein Stufenmodell der Rechtschreibentwicklung

Regelgeleitete Konstruktionen	**„Lernwörter“**	**Bemerkungen**
1. Willkürliche Buchstabenfolgen, „Pseudowörter“ oder Kritzelschrift	Die Buchstaben eines Wortes werden ohne Bezug zum Lautwert auswendig gelernt (z. B. eigener Name). Nur wenige Wörter können erworben werden.	Wegen fehlender Unterstützung durch die gesprochene Sprache kommt es oft zu Buchstabenauslassungen und Umstellungen
2. Erste Versuche, die gesprochene Sprache zu „übersetzen“: *Beginnende* („rudimentäre“) *phonemische Strategie*, z. B. – TG = Tiger – HS = Haus.	Wie unter 1., aber das Auswendiglernen wird schon durch einige erkannte Buchstaben-Laut-Beziehungen gestützt. Immer noch sehr wenige Lernwörter.	Erwerb von Phonem-Graphem-Korrespondenzen
3a. *Entfaltete phonemische Strategie*. Es werden jetzt mehr Laute eines Wortes wiedergegeben, z. B. – WOKE = Wolke, – HUT = Hund.	Phonemisch gestützte Speicherung von Lernwörtern. Beginn der Entwicklung einer „Rechtschreibsprache“; auch visuelle und graphomotorische Lernhilfen	

Lösungen Rechtschreib-Stars 3

(zum Heraustrennen die mittlere Klammer lösen)

Das ABC

ABC Der Hase sitzt im Klee. DE FGH Der Hase sitzt noch immer da. IK Wer kommt da? L so schnell? M und N Das ist einer, den ich kenn! O Der Hase lief davon. PQ RST UVWXY Der Has' lief wie der Blitz davon. „Oh, wenn ich ihn hätt!" ruft der Fuchs Z.

① Im Rahmen kannst du ein ABC-Gedicht von Josef Guggenmos lesen. Markiere die ABC-Buchstaben farbig und lerne das Gedicht auswendig.

② Schreibe das ABC in kleinen und großen Buchstaben auswendig auf.

A, B, C, D, E, F, G, H, I, J, K, L, M, N, O, P, Qu,
R, S, T, U, V, W, X, Y, Z
a, b, c, d, e, f, g, h, i, j, k, l, m, n, o, p, qu,
r, s, t, u, v, w, x, y, z

③ Schreibe die Nachbarbuchstaben auf.

C	D	E		W	X	Y		U	V	W		J	K	L
T	U	V		K	L	M		O	P	QU				

④ ABC-Rätsel

Ich stehe zwischen **G** und **I**: H

Ich stehe zwischen **Qu** und **S**: R

Ich stehe zwischen **L** und **R** und bin ein Selbstlaut: O

Ich bin der 11. Buchstabe im ABC: K

Ich bin der vorletzte Buchstabe im ABC: Y

Selbstlaute – Mitlaute – Umlaute

① Setze die fehlenden Buchstaben ein.

A B C D E F G H I J K L M
N O P Qu R S T U V W X Y Z

② Sprich das ABC. Markiere alle Buchstaben, die einen Mit-Klinger (Mitlaute) haben, blau.

Buchstaben für Mitlaute

b, c, d, f, g, h, j, k, l, m, n
p, qu, r, s, t, v, w, x, y, z

So kannst du
den Satz schon
besser lesen.

③ Markiere alle Buchstaben, die selbst klingen (Selbstlaute), orange.

Buchstaben für Selbstlaute

a, e, i, o, u

④ Nicht im ABC. Die Umlaute Ä ä, Ö ö, Ü ü.
Setze ein:

der B ä cker — fl ü stern — die K ö nigin — t ü chtig

die Fl ö te — s ä gen — die Ü bung — w ö chentlich

Ich kann das ABC.

Wortfamilien

die Sonne
sich sonnen — sonnig
die Sonnenmilch — sonntags
sonnenklar
der Sonntag

Dieser Baustein heißt Wortstamm.

① In diesen Wörtern ist immer ein Baustein gleich. Markiere ihn farbig.

Am Wortstamm erkennst du, zu welcher Familie ein Wort gehört, z. B. zur Familie ⌊sonn⌋

② Ordne die Wörter nach Wortarten. Ein Wort bleibt übrig.

Namenwörter (Nomen): die ⌊Sonn⌋e, die ⌊Sonn⌋enmilch, der ⌊Sonn⌋tag

Tunwörter (Verben): sich ⌊sonn⌋en

Wiewörter (Adjektive): ⌊sonn⌋ig, ⌊sonn⌋enklar

③ Markiere den Wortstamm ⌊sonn⌋ in den Wörtern aus Aufgabe 2.

③ Hier sind zwei Wortfamilien durcheinander geraten. Schreibe sie geordnet auf. ⌊hitz⌋ ⌊feu⌋

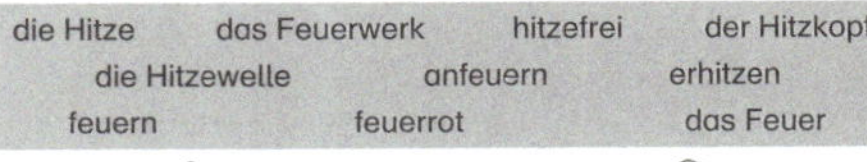
die Hitze — das Feuerwerk — hitzefrei — der Hitzkopf
die Hitzewelle — anfeuern — erhitzen
feuern — feuerrot — das Feuer

Familie ⌊hitz⌋	Familie ⌊feu⌋
die ⌊Hitz⌋e	das ⌊Feu⌋erwerk
die ⌊Hitz⌋ewelle	⌊feu⌋ern
⌊hitz⌋efrei	⌊feu⌋errot
⌊Hitz⌋kopf	an⌊feu⌋ern
er⌊hitz⌋en	das ⌊Feu⌋er

⑤ Markiere die Wortstämme im Kasten so: ⌊___⌋

Wortstammzeichen ⌊⌋ nicht vergessen.

⑥ Schwarzes Schaf: Ein Wort passt nicht zur Familie. Streiche es und schreibe die anderen Wörter geordnet auf.

fühlen — das Gefühl — gefühlvoll — füllen

die Not — notwendig — notieren — der Notruf

Familie ⌊ fühl ⌋: fühlen, das Gefühl, gefühlvoll

Familie ⌊ not ⌋: die Not, notwendig, der Notruf

Wörter haben Bausteine

die Sonn e | sich sonn en | an feu ern | er hitz en | der Herr

Welches Zeichen passt: └┘, •┘ oder └•?

Wortstamm: └┘ Vorsilbe: └• Endung: •┘

① Markiere die Bausteine mit den passenden Zeichen.

fall en	herr lich	bau en	auf bau en
an geb en	der Ur fall	der Zug	der Flug
flieg en	der Um zug	brumm ig	die Burg

② Ordne die Wörter nach ihrem Bauplan. Markiere die Bausteine.

└┘: der Zug, der Flug, die Burg

└┘•┘: fallen, herrlich, bauen, fliegen, brummig

└•└┘: der Unfall, der Umzug

└•└┘•┘: aufbauen, angeben

③ Markiere die Bausteine.

spitz en	an spitz en	der Spitz er	spitz
die Spitz e	zu spitz en	spitz eln	

Alles Mitglieder aus der Familie spitz.

Schlag im Wörterbuch nach.

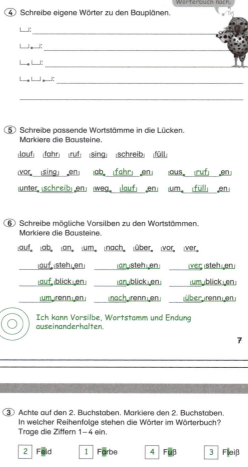

④ Schreibe eigene Wörter zu den Bauplänen.

└┘:

└┘•┘:

└•└┘:

└•└┘•┘:

⑤ Schreibe passende Wortstämme in die Lücken. Markiere die Bausteine.

lauf fahr ruf sing schreib füll

vor sing en | ab fahr en | aus ruf en

unter schreib en | weg lauf en | um füll en

⑥ Schreibe mögliche Vorsilben zu den Wortstämmen. Markiere die Bausteine.

auf ab an um nach über vor ver

auf steh en | an steh en | ver steh en

auf blick en | an blick en | um blick en

um renn en | nach renn en | über renn en

Ich kann Vorsilbe, Wortstamm und Endung auseinanderhalten.

Im Wörterbuch nachschlagen

So findest du die Wörter schneller.

Vorne	Mitte	Hinten
ABCDEFGHI	JKLMNOPQR	STUVWXYZ

① Ist der 1. Buchstabe des Wortes eher vorne (V), in der Mitte (M) oder hinten (H) im Wörterbuch. Kreuze an.

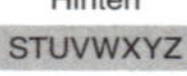

V M H | V M H | V M H | V M H

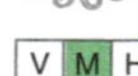

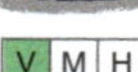

lachen	ziehen	billig	tanzen	höflich
V M H	V M H	V M H	V M H	V M H

② Suche die Wörter im Wörterbuch und schreibe sie richtig ab.

Keks | Schiff | Lokomotive

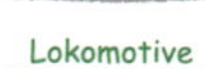

Känguru | Pfanne | Computer

③ Achte auf den 2. Buchstaben. Markiere den 2. Buchstaben. In welcher Reihenfolge stehen die Wörter im Wörterbuch? Trage die Ziffern 1–4 ein.

2 Feld | 1 Farbe | 4 Fuß | 3 Fleiß

Trage die Ziffern 1–3 ein. Schlage die Wörter nach und schreibe sie auf.

2 Fisch | 1 Feuer | 3 Flügel

④ Achte auf den 3. Buchstaben. Markiere den 3. Buchstaben. In welcher Reihenfolge stehen die Wörter im Wörterbuch? Trage die Ziffern 1–4 ein.

3 Garage | 1 Gabel | 4 Gas | 2 Gans

Trage die Ziffern 1–3 ein. Schlage die Wörter nach und schreibe sie auf.

2 Hund | 3 Hut | 1 Hummel

Ich finde mich im Wörterbuch zurecht.

Sprechen und schreiben (1)

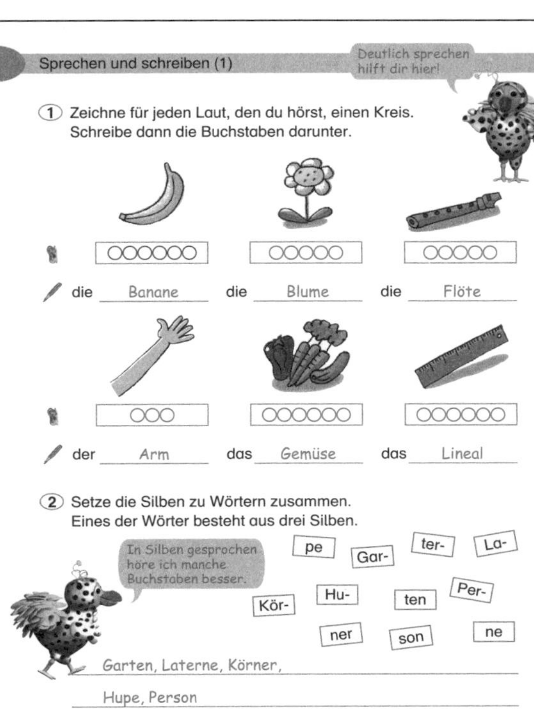

① Zeichne für jeden Laut, den du hörst, einen Kreis. Schreibe dann die Buchstaben darunter.

○○○○○○	○○○○○	○○○○○
die Banane	die Blume	die Flöte
○○○	○○○○○○	○○○○○○
der Arm	das Gemüse	das Lineal

② Setze die Silben zu Wörtern zusammen. Eines der Wörter besteht aus drei Silben.

pe Gar- ter- La- Hu- ten Per- Kör- ner son ne

Garten, Laterne, Körner,

Hupe, Person

③ Schwinge die Wörter in Silben und zeichne die Silbenbögen ein.

der Elefant das Tor die Postkarte

das Regal die Tapete der Wal

die Rosenblüte die Ruhe der Kaktus

④ Trage die fehlenden Buchstaben orange ein.

Jede Silbe braucht einen klingenden Buchstaben – einen Selbstlaut oder Umlaut.

das B a nd der G ü rtel

die K i nder die K e rze die Gr ä ser

der K a lender die Bl u m e das L o s

der G u rt der K ü rb i s das H o lz

Sprechen und schreiben (2)

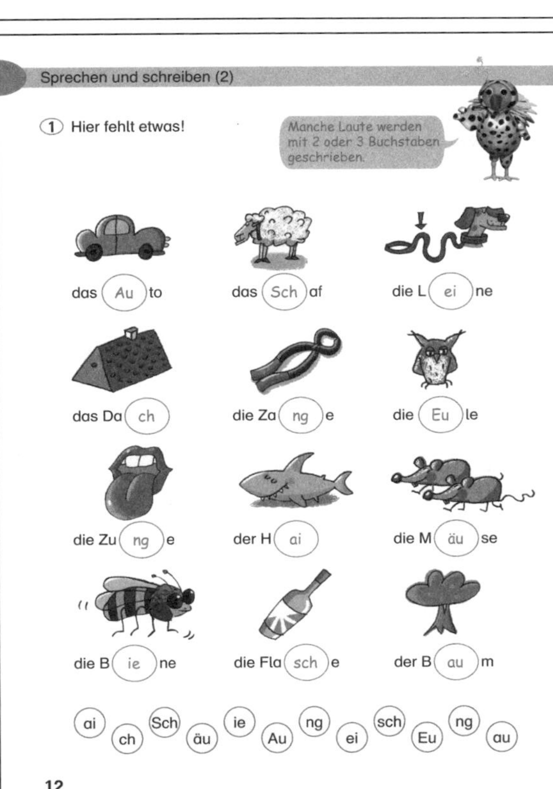

① Hier fehlt etwas!

das (Au)to das (Sch)af die L(ei)ne

das Da(ch) die Za(ng)e die (Eu)le

die Zu(ng)e der H(ai) die M(äu)se

die B(ie)ne die Fla(sch)e der B(au)m

ai ch Sch äu ie Au ng ei sch Eu ng au

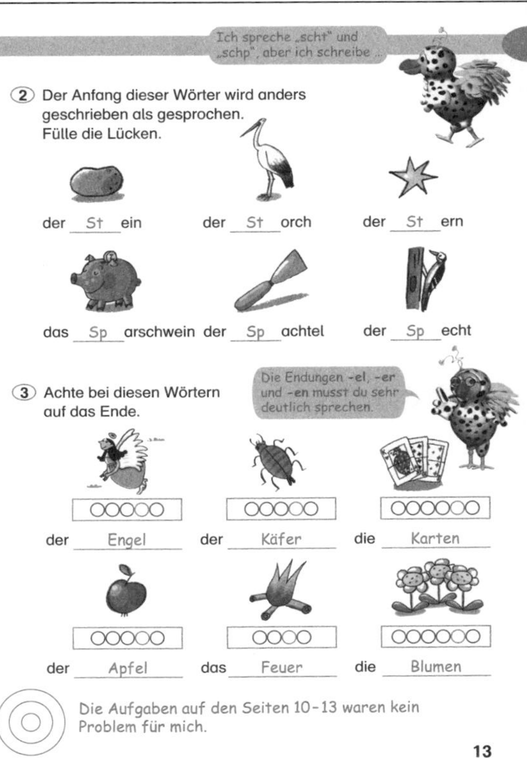

② Der Anfang dieser Wörter wird anders geschrieben als gesprochen. Fülle die Lücken.

der St ein der St orch der St ern

das Sp arschwein der Sp achtel der Sp echt

③ Achte bei diesen Wörtern auf das Ende.

○○○○○	○○○○○	○○○○○○
der Engel	der Käfer	die Karten
○○○○○	○○○○	○○○○○○
der Apfel	das Feuer	die Blumen

Die Aufgaben auf den Seiten 10–13 waren kein Problem für mich.

Schnelles und fehlerfreies Abschreiben kannst du trainieren.
Übe nach folgenden Schritten:

Ich lese mir einen Satz genau durch.

Gibt es für mich schwierige Stellen?
– Dann markiere ich sie.

Ich merke mir den Satz oder
einen Teil davon – so viel,
wie ich gut schaffen kann.

Ich schreibe auswendig auf.

Ich kontrolliere Wort für Wort.
Fehler bessere ich aus.

Schreibe ab.

Heute machen meine Eltern, meine kleine Schwester und ich einen Ausflug. Wir fahren zum Flughafen und besichtigen dort den Besucherpark. An der Kreuzung vor dem Flughafen biegen wir links ab. Auf einem großen Parkplatz stellt Papa das Auto ab. Für einen Euro Eintritt können wir auf einen Hang steigen und von dort das Rollfeld beobachten. Fast jede Minute startet oder landet ein Flugzeug. Ob der Beruf des Piloten auch etwas für mich wäre?

Heute machen meine Eltern, meine kleine Schwester und ich
einen Ausflug. Wir fahren zum Flughafen und besichtigen dort
den Besucherpark. An der Kreuzung vor dem Flughafen biegen
wir links ab. Auf einem großen Parkplatz stellt Papa das Auto ab.
Für einen Euro Eintritt können wir auf einen Hang steigen und
von dort das Rollfeld beobachten. Fast jede Minute startet oder
landet ein Flugzeug. Ob der Beruf des Piloten auch etwas für
mich wäre?

Ich habe das Abschreiben richtig trainiert.

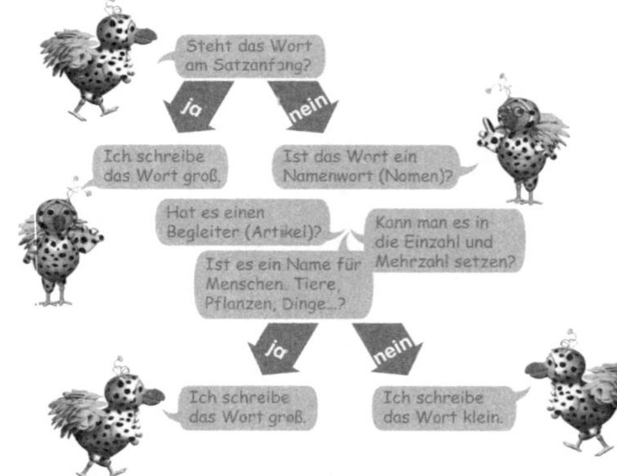

① Überlege und schreibe die Sätze richtig auf.

HEUTE GEHE ICH AUF DEN FUßBALLPLATZ. DORT TREFFE ICH KILIAN UND MAIKE. ZUERST NOCH DIE SCHUHE SCHNÜREN UND DANN GEHT ES LOS. MAIKE STÜRMT AUFS TOR ZU – UND TRIFFT.

Heute gehe ich auf den Fußballplatz. Dort treffe ich
Kilian und Maike. Zuerst noch die Schuhe schnüren und
dann geht es los. Maike stürmt aufs Tor zu – und trifft.

② Schreibe jeweils den bestimmten und unbestimmten Begleiter (Artikel) zum Namenwort (Nomen).

Begleiter	Nomen	Begleiter	Nomen	Begleiter	Nomen
die / eine	Kastanie	der / ein	Block	das / ein	Herz
das / ein	Album	das / ein	Beet	die / eine	Qualle
der / ein	Bäcker	die / eine	Lilie	die / eine	Kusine

③ In jedem Satz fehlt das passende Namenwort. Setze ein.

Namen für Gefühle, Ereignisse, Eigenschaften nennt man abstrakte Namenwörter.

Wenn es donnert, habe ich Angst.

Mir ist meine Tasse runtergefallen. So ein Pech.

Ein Blick meiner Mama sagt mir alles.

In der Klasse lachen wir oft und haben Spaß.

Die nächste Stadt liegt in großer Entfernung.

Vor Schreck bekomme ich eine Gänsehaut.

Was wünschst du dir für die Zukunft?

ENTFERNUNG SPAß PECH ANGST SCHRECK ZUKUNFT BLICK

Namenwörter mit -ung, -heit, -keit

① In diesem Suchsel findest du 12 Namenwörter (Nomen).

F	S	Z	G	G	N	B	O	S	H	E	I	T	F	C
R	Z	I	N	E	R	A	O	C	C	C	F	E	R	U
Ö	H	M	A	M	B	H	J	H	H	Y	E	R	E	Z
H	S	P	H	Ü	F	K	H	W	E	E	S	W	C	Q
L	A	F	R	T	R	K	K	I	S	I	T	A	H	H
I	M	U	U	L	E	Q	F	E	E	P	L	R	H	E
C	M	N	N	I	I	C	L	R	X	G	I	T	E	I
H	L	G	G	C	H	U	J	I	H	X	C	U	I	Z
K	U	Q	Q	H	E	L	C	G	O	S	H	N	T	U
E	N	X	V	K	I	A	O	K	X	L	K	G	R	N
I	G	N	N	E	T	M	J	E	K	H	E	B	G	G
T	Z	B	K	I	J	M	E	I	M	G	I	Q	O	E
Y	R	N	K	T	C	U	L	T	T	P	T	V	A	F

② Schreibe die Wörter mit Begleiter geordnet auf.

-ung: die Sammlung, die Impfung, die Nahrung, die Erwartung, die Heizung

-heit: die Freiheit, die Bosheit, die Frechheit

-keit: die Festlichkeit, die Fröhlichkeit, die Gemütlichkeit, die Schwierigkeit

?! Was fällt dir am Begleiter dieser Wörter auf?

③ Verwandle diese Wörter in Namenwörter. Ordne passend zu.

heiter krank biegen ehrlich neu dumm führen erholen ähnlich blind verschmutzen langsam

biegen	-ung	die Biegung
führen		die Führung
erholen		die Erholung
verschmutzen		die Verschmutzung
krank	-heit	die Krankheit
neu		die Neuheit
dumm		die Dummheit
blind		die Blindheit
heiter	-keit	die Heiterkeit
ehrlich		die Ehrlichkeit
ähnlich		die Ähnlichkeit
langsam		die Langsamkeit

?! Welche Wortart wird durch **-ung** zum Namenwort? Tunwörter (Verben)

Welche Wortart wird durch **-heit** zum Namenwort? Wiewörter (Adjektive)

Welche Wortart wird durch **-keit** zum Namenwort? Wiewörter (Adjektive)

Ich schreibe Namenwörter (Nomen) mit **-ung**, **-heit**, **-keit** groß, weil es Namenwörter sind.

E/e oder Ä/ä?

In jeder ersten Silbe klingt der Selbstlaut fast gleich. Was schreibst du?

① Sprich die Wörter.

② Vervollständige die Tabelle.

	Gibt es einen Verwandten mit A/a?	Also schreibe ich …
	der Ball	die Bälle
	—	die Federn
	der Ast	die Äste
	die Bank	die Bänke
	—	die Herzen
	das Blatt	die Blätter
	—	die Sterne
	—	die Teller
	die Hand	die Hände
	der Zahn	die Zähne

?! Wenn ich nicht weiß, ob ich E/e oder Ä/ä schreiben soll, dann …

suche ich nach einem Verwandten mit a. Wenn es keinen gibt, schreibe ich E/e.

③ Verwandle in die Ä/ä-Form.

Benutze dazu einen farbigen Stift.

Gräser	→ die Gräser
Äpfel	→ die Äpfel
wärmer	→ wärmen (die Wärme)
Wälder	→ die Wälder
härter	→ härter (die Härte)
kälter	→ kälter (die Kälte)
Städte	→ die Städte

④ Verbinde die Wortverwandten und ergänze den fehlenden Buchstaben. Schreibe die Verwandten nebeneinander auf.

backen | der J ä ger | k ä mmen | die Naht
die Kraft | lang | der B ä cker | jagen
der Kamm | n ä hen | die L ä nge | kr ä ftig

backen – der Bäcker, kämmen – der Kamm,

lang – die Länge, jagen – der Jäger,

nähen – die Naht, kräftig – die Kraft

Wenn ich **e** höre, überlege ich: Gibt es einen a-Verwandten?

Eu/eu oder Äu/äu?

In jeder ersten Silbe klingt der Selbstlaut gleich. Was schreibst du?

① Sprich die Wörter.

② Vervollständige die Tabelle.

	Gibt es einen Verwandten mit Au/au?	Also schreibe ich …
	der Baum	die Bäume
	—	die Teufel
	die Faust	die Fäuste
	—	die Beulen
	—	die Eulen
	die Maus	die Mäuse
	der Strauß	die Sträuße
	—	die Feuer
	das Haus	die Häuser
	der Zaun	die Zäune

Wenn ich nicht weiß, ob ich Eu/eu oder Äu/äu schreiben soll, dann …

suche ich nach einem Verwandten mit au.

Wenn es keinen gibt, schreibe ich Eu/eu.

③ Verwandle in die Äu/äu-Form.

Benutze dazu einen farbigen Stift.

Träume	→	die Träume
Kräuter	→	die Kräuter
Räume	→	die Bäume
Bräute	→	die Bräute
läuten	→	läuten
Bäuche	→	die Bäuche
Läuse	→	die Läuse

④ Verbinde die Wortverwandten und ergänze die fehlenden Buchstaben. Schreibe die Verwandten nebeneinander auf.

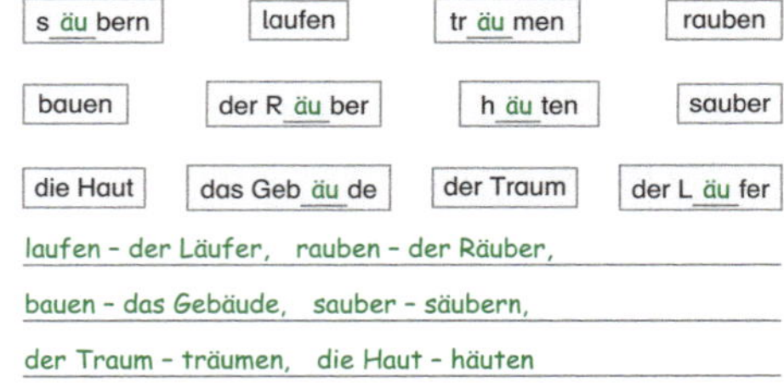

s äu bern | laufen | tr äu men | rauben

bauen | der R äu ber | h äu ten | sauber

die Haut | das Geb äu de | der Traum | der L äu fer

laufen - der Läufer, rauben - der Räuber,

bauen - das Gebäude, sauber - säubern,

der Traum - träumen, die Haut - häuten

Wenn ich **oi** höre, überlege ich:
Gibt es einen au-Verwandten?

Das Ende kann täuschen – t oder d?

Jedes Wort klingt am Ende gleich. Was schreibst du?

① Sprich die Wörter.

② Vervollständige die Tabelle.

		Also schreibe ich …
	die Wäl - der	der Wald
	die Säf - te	der Saft
	die Hän - de	die Hand
	die Klei - der	das Kleid
	die Pfer - de	das Pferd
	die Hef - te	das Heft
	die Bro - te	das Brot
	die Gel - der	das Geld
	die Hun - de	der Hund
	die Mon - de	der Mond

Wenn ich nicht weiß, ob ich am Ende eines Wortes **t** oder **d** schreiben soll, dann … suche ich nach einem längeren Verwandten und spreche in Silben.

③ Entscheide ob **d** oder **t**.

das Kin d – das Kind

das Fel d – das Feld

der Gur t – der Gurt

der Hel d – der Held

das Lan d – das Land

der Bar t – der Bart

④ Verbinde die Wortverwandten und ergänze die fehlenden Buchstaben. Schreibe die Verwandten nebeneinander auf.

die Räder | das Ban d | der Fremde | der San d

sandig | frem d | das Ra d | die Strände

blon d | der Stran d | die Bänder | die Blondine

die Räder - das Rad, das Band - die Bänder,

der Fremde - fremd, der Sand - sandig,

die Strände - der Strand, blond - die Blondine

Wenn ich am Ende ein **t** höre, suche ich nach einem längeren Verwandten und spreche in Silben.

Das Ende kann täuschen – **k** oder **g**?

Jedes Wort klingt am Ende gleich. Was schreibst du?

① Sprich die Wörter.

② Vervollständige die Tabelle.

		Also schreibe ich …
	die Ber - ge	der Berg
	die Bän - ke	die Bank
	die Kö - ni - ge	der König
	die Zwer - ge	der Zwerg
	die Fa - bri - ken	die Fabrik
	die Zü - ge	der Zug
	die Ge - schen - ke	das Geschenk
	die Schrän - ke	der Schrank
	die We - ge	der Weg
	die Bur - gen	die Burg

?! Wenn ich nicht weiß, ob ich am Ende eines Wortes **k** oder **g** schreiben soll, dann … suche ich nach einem längeren Verwandten und spreche in Silben.

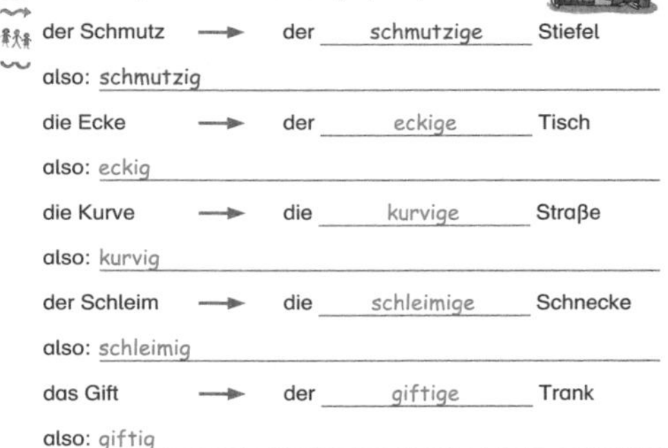

③ Setze ein passendes Wiewort (Adjektiv) ein.

der Schmutz → der schmutzige Stiefel
also: schmutzig

die Ecke → der eckige Tisch
also: eckig

die Kurve → die kurvige Straße
also: kurvig

der Schleim → die schleimige Schnecke
also: schleimig

das Gift → der giftige Trank
also: giftig

④ Grundform gesucht! Finde so den fehlenden Buchstaben.

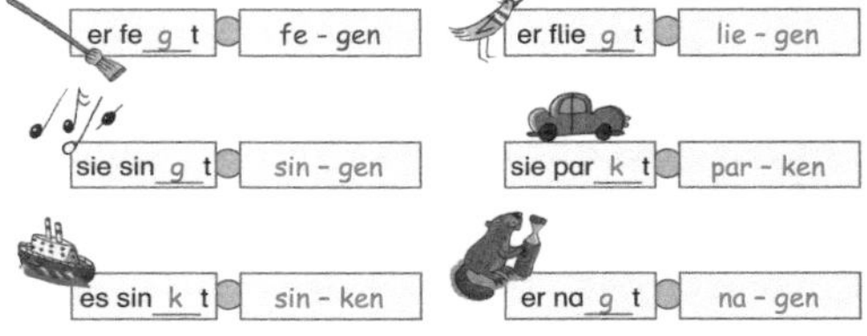

er fe g t – fe - gen
er flie g t – lie - gen
sie sin g t – sin - gen
sie par k t – par - ken
es sin k t – sin - ken
er na g t – na - gen

Wenn ich am Ende ein **k** höre, suche ich nach einem längeren Verwandten und spreche in Silben.

Das Ende kann täuschen – **p** oder **b**?

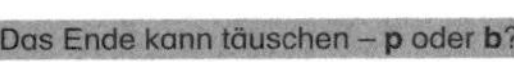
Jedes Wort klingt am Ende gleich. Was schreibst du?

① Sprich die Wörter.

② Vervollständige die Tabelle.

		Also schreibe ich …
	die Sie - be	das Sieb
	die Bio - to - pe	das Biotop
	die Käl - ber	das Kalb
	die Die - be	der Dieb
	die Kör - be	der Korb
	die Mik - ros - kope	das Mikroskop
	die Stä - be	der Stab
	die Grä - ber	das Grab

?! Wenn ich nicht weiß, ob ich am Ende eines Wortes **p** oder **b** schreiben soll, dann … suche ich nach einem längeren Verwandten und spreche in Silben.

③ Verlängere und entscheide!

es kle(b/p)t – kle - ben – es klebt
er schie(b/p)t – schie - ben – er schiebt
es klum(b/p)t – klum - pen – es klumpt
sie lo(b/p)t – lo - ben – sie lobt
er gi(b/p)t – ge - ben – er gibt
sie hu(b/p)t – hu - pen – sie hupt

④ Finde weitere Wörter aus der Wortfamilie lieb.
Die Wortbausteine und das Wörterbuch helfen dir.

ver- | -heit | -t | Ver- | -te | Be- | -ling | -lich | -en | -te | -ter | be-

z. B. Verliebtheit, Verliebte, Beliebtheit,
beliebt, verliebt, Liebling, lieblich

Wenn ich am Ende ein **p** höre, suche ich nach einem längeren Verwandten und spreche in Silben.

h zwischen den Selbstlauten

① Trage **h** ein. Markiere die Selbstlaute farbig. Schreibe die Wörter in Silben.

zieen - das wäre ganz schön unübersichtlich!

zie_h_en	ste_h_en	flie_h_en
zie - hen	ste - hen	flie - hen
dre_h_en	gesche_h_en	ge_h_en
dre - hen	ge - sche - hen	ge - hen
blü_h_en	mä_h_en	ru_h_en
glü - hen	mä - hen	ru - hen
glü_h_en	krä_h_en	mu_h_en
glü - hen	krä - hen	mu - hen

② Setze Tunwörter mit **h** ein und markiere **h**. Bilde die Grundform.

Der Kreisel	d reht	sich.	drehen
Der Wind	w eht	kräftig.	wehen
Die Kuh	muht	.	muhen
Der Hahn	k räht	.	krähen

③ Markiere **h**. Bilde das passende zweisilbige Wort. Schreibe es in Silben.

das Reh	die	Re - he	
der Schuh	die	Schu - he	
der Floh	die	Flö - he	
der Zeh	die	Ze - hen	
Oh weh!	der	we - he	Zeh
froh	das	fro - he	Kind

④ Einmal **h**, immer **h**! Schreibe die Wörter aus der Wortfamilie. Markiere alle h.

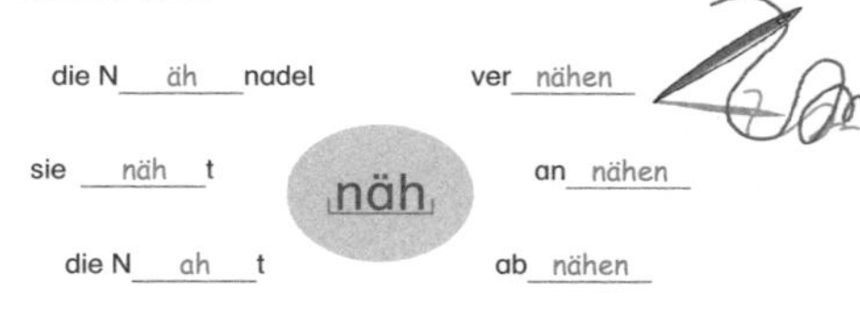

die N_äh_nadel

ver_nähen

sie _näh_t

näh

an_nähen

die N_ah_t

ab_nähen

der N_äh_faden

Nachdenken hilft ...

① Entscheide, ob die Wörter groß oder klein geschrieben werden. Schreibe Namenwörter mit Begleiter und der Mehrzahl auf.

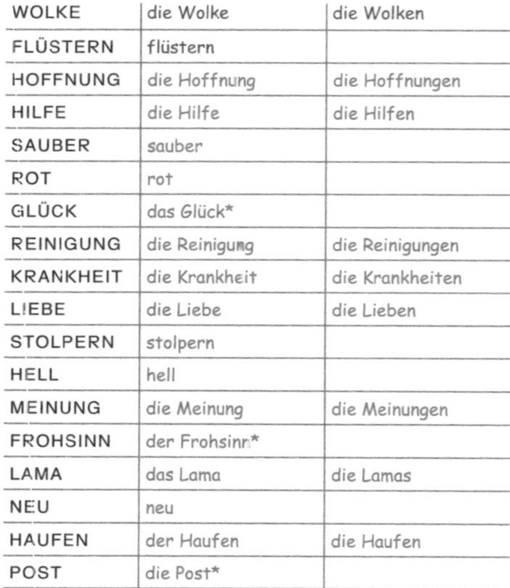

WOLKE	die Wolke	die Wolken
FLÜSTERN	flüstern	
HOFFNUNG	die Hoffnung	die Hoffnungen
HILFE	die Hilfe	die Hilfen
SAUBER	sauber	
ROT	rot	
GLÜCK	das Glück*	
REINIGUNG	die Reinigung	die Reinigungen
KRANKHEIT	die Krankheit	die Krankheiten
LIEBE	die Liebe	die Lieben
STOLPERN	stolpern	
HELL	hell	
MEINUNG	die Meinung	die Meinungen
FROHSINN	der Frohsinn*	
LAMA	das Lama	die Lamas
NEU	neu	
HAUFEN	der Haufen	die Haufen
POST	die Post*	

!*Bei manchen Namenwörtern gibt es keine Ein- und Mehrzahl. Finde weitere davon.

② In diese Wörter haben sich Fehler eingeschlichen. Suche den Wortverwandten, der dir hilft, und schreibe das Wort richtig.

die Breute — verwandter Helfer: die Braut — richtig: die Bräute

kreftig — verwandter Helfer: die Kraft — richtig: kräftig

der Hunt — verwandter Helfer: die Hunde — richtig: der Hund

er liept — verwandter Helfer: lieben, die Liebe — richtig: er liebt

der Zuk — verwandter Helfer: die Züge — richtig: der Zug

das Lop — verwandter Helfer: loben — richtig: das Lob

ie (1)

Denke daran: langes i meistens ie

① Sprich die Wörter.
Trage ▬ ein, wenn du ein langes **i** hörst.
Trage ● ein, wenn du ein kurzes **i** hörst.

● ● ▬ ▬

der Mist der Tisch der Brief das Knie

② Reimwörter helfen dir, **ie**-Wörter richtig zu schreiben. Reime.

Liege	Tier	tief
Ziege	Stier	schief
liegen	sie	gießen
kriegen	die	schießen
fliegen	nie	schließen
siegen	wie	
riechen	Spiegel	Wiese
kriechen	Ziegel	Riese
Niete	Stiel	er rief
Miete	viel	sie schlief
	Ziel	ich lief

③ Schreibe die Wörter. Zeichne Silbenbögen ein.

biegen Bilder finden Kiste
lieben spielen Fichte Tiere fliegen Stifte
Lieder wichtig Rinde Fliege Pilze Zwiebel

bie gen Bil der fin den Kis te
lie ben spie len Fich te Tie re
flie gen Stif te Lie der wich tig
Rin de Flie ge Pil ze Zwie bel

?! Sprich die Wörter in Silben. Wie endet die erste Silbe? Fällt dir etwas auf?

Wenn die erste Silbe mit i endet, schreibe ich **ie**.
Wenn die erste Silbe mit einem Mitlaut endet, schreibe ich kein **ie**.

ie (2)

① Sprich jedes Wort in Silben.
Zeichne Silbenbögen ein.

Wiege Diebe Silber Biene binden Friede
Hilfe hindern Birne schildern sieben
winden Tinte Kriege Firma zielen
frieren schwierig Pinsel kriegen

② Schreibe die Wörter geordnet auf.

ie	i
die Wiege	das Silber
die Diebe	binden
die Biene	die Hilfe
der Friede	hindern
sieben	die Birne
kriegen	schildern
die Kriege	winden
zielen	die Tinte
frieren	die Firma
schwierig	der Pinsel

③ Bilde zu den unterstrichenen Wörtern das passende zweisilbige Wort. Zeichne Silbenbögen ein. Markiere **ie** farbig.

Peter friert. frie ren
Du spielst. spie len
Es fliegt. flie gen
Sie gießt. gie ßen
Sie wiegt. wie gen
Sie schiebt. schie ben
Du riechst. rie chen
Ich rief. Wir rie fen.
Sie schrieb. Wir schrie ben.
Er schwieg. Wir schwie gen.
Ich schlief. Wir schlie fen.

Ich weiß, wann ich **ie** schreiben muss.

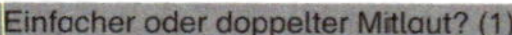

Einfacher oder doppelter Mitlaut? (1)

① Markiere in den Wörtern den betonten Selbstlaut orange.

② Entscheide, ob dieser Selbstlaut kurz ● oder lang ▬ gesprochen wird. Setze das passende Zeichen unter den Selbstlaut.

●	▬
das Kissen	lesen
die Sonne	die Blume
das Bild	der Schal
die Bretter	schlafen
der Pulli	
denken	
die Bälle	
die Murmeln	
die Puppe	

?! Nach einem **kurzen betonten Selbstlaut** stehen

immer 2 Mitlaute.

2 unterschiedliche Mitlaute	2 gleiche Mitlaute
das Bild	die Bretter
denken	die Sonne
die Murmeln	das Kissen
	der Pulli
	die Bälle
	die Puppe

③ Baue aus den Silben weitere Wörter mit Doppelmitlaut. Schreibe sie mit Begleiter auf.

Bag- Zim- -sel -dy -ger Kan- -pich

Ted- -ne Tep- Schlüs- -mer

der Bag - ger, das Zim - mer, der Schlüs - sel,
der Ted - dy, die Kan - ne, der Tep - pich

Einfacher oder doppelter Mitlaut? (2)

① Welche Schreibweise stimmt, ● oder ▬?

Begründe mit ● oder ▬.

Nüse oder **Nüsse**?	●	Nüsse
Löfel oder **Löffel**?	●	Löffel
Besen oder **Bessen**?	▬	Besen
stimen oder **stimmen**?	●	stimmen
Tane oder **Tanne**?	●	Tanne
Hupe oder **Huppe**?	▬	Hupe
sat oder **satt**?	●	satt
knaren oder **knarren**?	●	knarren
fresen oder **fressen**?	●	fressen
holen oder **hollen**?	▬	holen
falen oder **fallen**?	●	fallen

② Verbinde Wörter aus der gleichen Wortfamilie. Markiere die Doppelmitlaute gelb.

③ Schreibe die Tunwörter (Verben) in der Gegenwart und in der 1. Vergangenheit auf.

kämmen	– sie kämmt	– sie kämmte
rollen	– es rollt	– es rollte
schütten	– es schüttet	– es schüttete
küssen	– er küsst	– er küsste
paddeln	– sie paddelt	– sie paddelte
gaffen	– er gafft	– er gaffte
hoppeln	– es hoppelt	– es hoppelte
hassen	– sie hasst	– sie hasste

?! Achtung Falle!

bitten	– er bittet	– er bat

④ Baue sinnvolle Sätze. Markiere alle Doppelmitlaute.

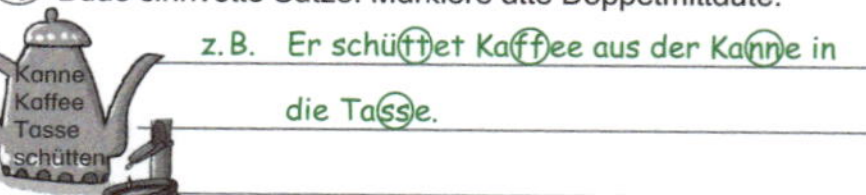

z. B. Er schüttet Kaffee aus der Kanne in die Tasse.

z. B. Sie füllt Wasser in die Tonne.

z. B. Er küsst die Lippen der Mutter.

tz = Doppelmitlaut

① Markiere lange betonte Selbstlaute mit [▬], kurze mit [●].

die Wurzel · die Medizin · die Spritze · kurz
putzen · das Holz · schmelzen · die Schnauze
die Pflanze · der Blitz · flitzen · grunzen
die Heizung · die Kerze · der Pelz · der Kranz

?! Was folgt auf einen langen und was auf einen kurzen Selbstlaut?

② Sortiere die Wörter mit kurzem Selbstlaut hier ein:

lz	rz	nz	tz
das Holz	die Wurzel	die Pflanze	die Spritze
schmelzen	kurz	grunzen	putzen
der Pelz	die Kerze	der Kranz	der Blitz
			flitzen

Das tz ist etwas Besonderes, weil es das zz ersetzt. zz gibt es in deutschen Wörtern nicht.

③ Schreibe nun diese Wörter mit ihrem Begleiter:

der Spitzer · die Katze · der Pilz

die Brezel · die Mütze · das Herz

Ich weiß, wann ich **tz** schreiben muss.

ck = Doppelmitlaut

① Ordne in kurz und lang. [●] [▬]

krank · der Quark · wackeln · die Wolke · eklig
die Schaukel · spuken · quieken · trinken
packen · die Locken · spucken · das Küken

●	▬
krank	eklig
der Quark	die Schaukel
wackeln	spuken
die Wolke	quieken
trinken	das Küken
packen	
die Locken	
spucken	

?! Wenn ich nach einem kurzen Selbstlaut nur **k** höre …
dann schreibe ich **ck**.

② Schreibe nun diese Wörter mit ihrem Begleiter:

der Wecker · der Schinken · die Brücke

der Haken · der Rock · der Korken

Ich weiß, wann ich **ck** schreiben muss.

Nachdenken hilft …

① Hier haben sich 11 Fehler bei der Groß- und Kleinschreibung eingeschlichen. Markiere die Fehler und schreibe den Text verbessert auf.

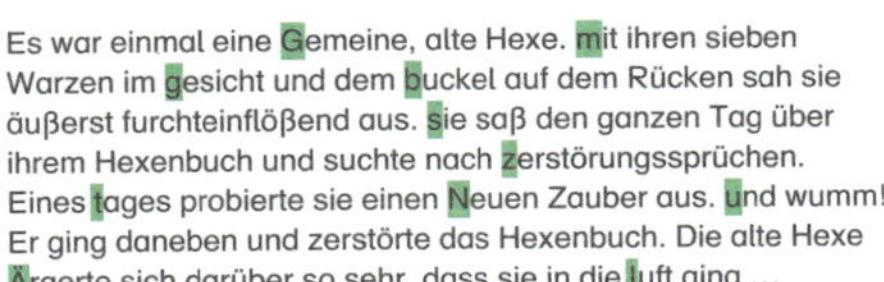

Es war einmal eine Gemeine, alte Hexe. mit ihren sieben Warzen im gesicht und dem buckel auf dem Rücken sah sie äußerst furchteinflößend aus. sie saß den ganzen Tag über ihrem Hexenbuch und suchte nach zerstörungssprüchen. Eines tages probierte sie einen Neuen Zauber aus. und wumm! Er ging daneben und zerstörte das Hexenbuch. Die alte Hexe Ärgerte sich darüber so sehr, dass sie in die luft ging …

Es war einmal eine gemeine, alte Hexe. Mit ihren sieben Warzen im Gesicht und dem Buckel auf dem Rücken sah sie äußerst furchteinflößend aus. Sie saß den ganzen Tag über ihrem Hexenbuch und suchte nach Zerstörungssprüchen. Eines Tages probierte sie einen neuen Zauber aus. Und wumm! Er ging daneben und zerstörte das Hexenbuch. Die alte Hexe ärgerte sich darüber so sehr, dass sie in die Luft ging …

② In diese Wörter haben sich Fehler eingeschlichen. Verbessere und erkläre, warum du so schreibst.

die Zige — Verbesserung: die Ziege — weil: langes i, also ie

krazzen — Verbesserung: kratzen — weil: kurzes a, also tz

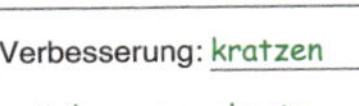

der Somer — Verbesserung: der Sommer — weil: kurzes o, als zwei m

taussend — Verbesserung: tausend — weil: langes au, also nur ein s

die Kieste — Verbesserung: die Kiste — weil: kurzes i, also kein ie

der Sak — Verbesserung: der Sack — weil: kurzes a, also ck

Merkwörter einprägen

So kannst du Merkwörter üben.

1 Schreibe deine Merkwörter auf ein Plakat. Schreibe sie bunt, **ganz groß**, klitzeklein – jedenfalls besonders ordentlich. Hänge dein Plakat an einer Stelle auf, wo du es oft siehst.

2 Schreibe das Wort, das du dir merken willst, auf einen Zettel. Stecke ihn in die Hosentasche. Oder in den Briefkasten, dann bekommst du das Wort morgen „mit der Post".

3 Markiere die Merkstelle immer besonders: einkreisen, anmalen, unterstreichen, …

4 Bilde kurze Sätze oder Unsinnsätze mit den Merkwörtern, z. B. Der Zahn fährt mit der Bahn.

5 Sortiere deine Merkwörter nach dem ABC. Schreibe sie geordnet auf.

6 Ordne die Merkwörter in Verben, Nomen und Adjektive.

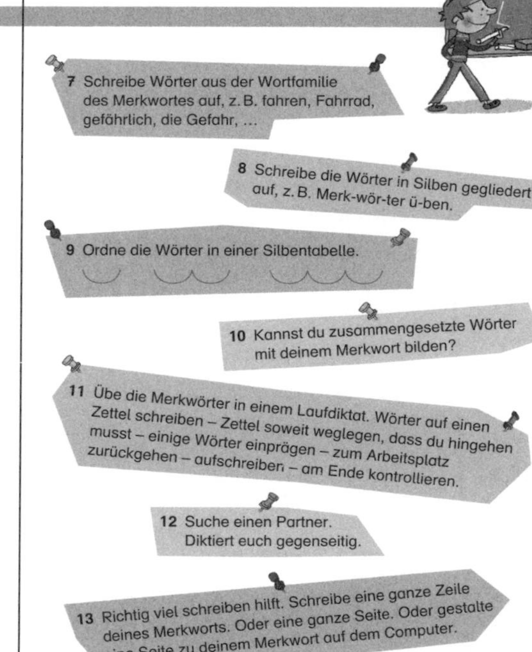

7 Schreibe Wörter aus der Wortfamilie des Merkwortes auf, z. B. fahren, Fahrrad, gefährlich, die Gefahr, …

8 Schreibe die Wörter in Silben gegliedert auf, z. B. Merk-wör-ter ü-ben.

9 Ordne die Wörter in einer Silbentabelle.

10 Kannst du zusammengesetzte Wörter mit deinem Merkwort bilden?

11 Übe die Merkwörter in einem Laufdiktat. Wörter auf einen Zettel schreiben – Zettel soweit weglegen, dass du hingehen musst – einige Wörter einprägen – zum Arbeitsplatz zurückgehen – aufschreiben – am Ende kontrollieren.

12 Suche einen Partner. Diktiert euch gegenseitig.

13 Richtig viel schreiben hilft. Schreibe eine ganze Zeile deines Merkworts. Oder eine ganze Seite. Oder gestalte eine Seite zu deinem Merkwort auf dem Computer.

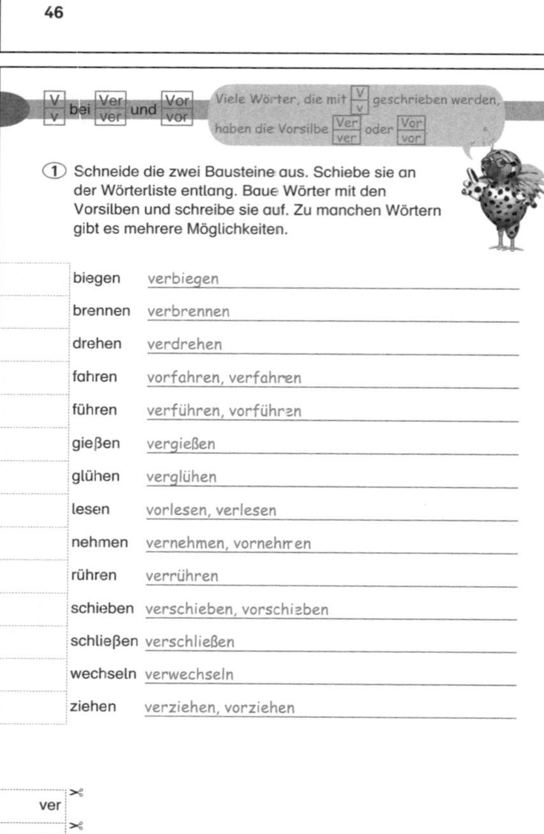

V/v bei Ver/ver und Vor/vor

Viele Wörter, die mit V/v geschrieben werden, haben die Vorsilbe Ver/ver oder Vor/vor.

① Schneide die zwei Bausteine aus. Schiebe sie an der Wörterliste entlang. Baue Wörter mit den Vorsilben und schreibe sie auf. Zu manchen Wörtern gibt es mehrere Möglichkeiten.

biegen	verbiegen
brennen	verbrennen
drehen	verdrehen
fahren	vorfahren, verfahren
führen	verführen, vorführen
gießen	vergießen
glühen	verglühen
lesen	vorlesen, verlesen
nehmen	vernehmen, vornehmen
rühren	verrühren
schieben	verschieben, vorschieben
schließen	verschließen
wechseln	verwechseln
ziehen	verziehen, vorziehen

ver

vor

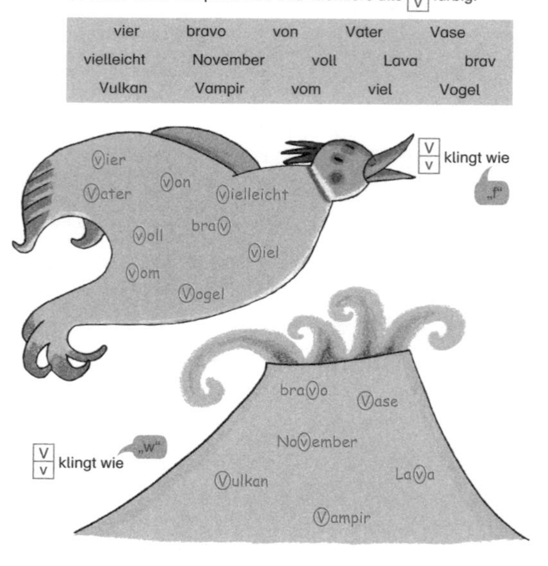

Wörter mit V/v, die man sich merken muss

① Wörter mit V/v! Sortiere sie. Schreibe sie in das passende Bild. Markiere alle V/v farbig.

vier	bravo	von	Vater	Vase
vielleicht	November	voll	Lava	brav
Vulkan	Vampir	vom	viel	Vogel

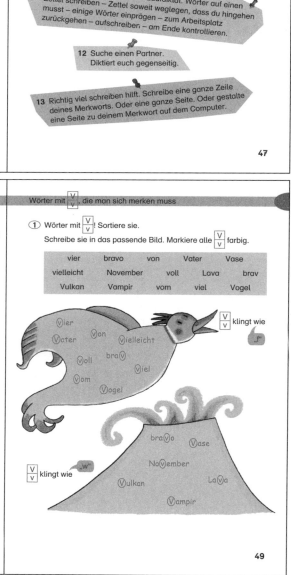

der Spaß
die Geiß
draußen
außen
beißen
der Strauß
süß
die Straße
heiß
das Floß
groß
fließen
grüßen
der Fuß
stoßen

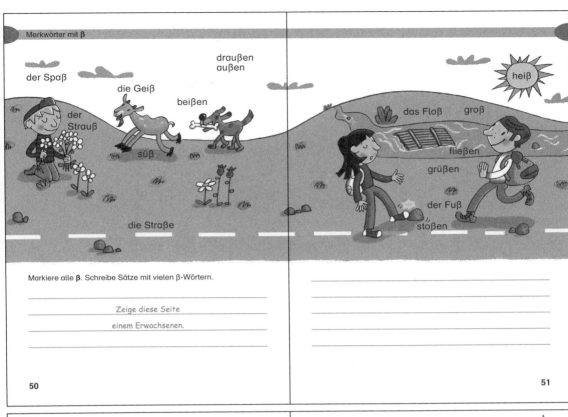

Markiere alle **ß**. Schreibe Sätze mit vielen ß-Wörtern.

Zeige diese Seite einem Erwachsenen.

① Kennst du noch andere Wörter mit **h**?
Das Wörterbuch kann helfen.

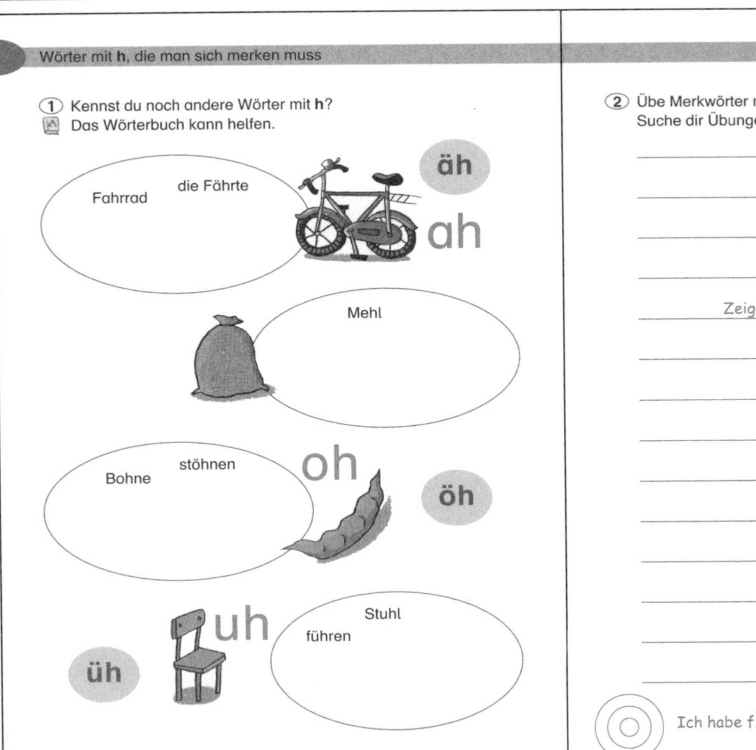

② Übe Merkwörter mit **h**.
Suche dir Übungen von Seite 46 und 47 aus.

Zeige diese Seite einem Erwachsenen.

Ich habe fleißig geübt.

Zeige diese Seite einem Erwachsenen.

Wörter aus fremden Sprachen

Wörter aus fremden Sprachen werden oft auch nach fremden Regeln geschrieben. Du musst sie dir merken.

① Ordne die Wörter.

Handy Pommes Recycling Snowboard Chips Mountainbike Playstation Programm City-Roller Computer Inline-Skates Surfbrett Internet Information Ketchup CD-Rom Spaghetti Toast E-Mail Laptop Restaurant Pizza Skateboard Badminton Bonbon Basketball Scanner

Wörter aus der Technik:

Computer Recycling Programm Handy Internet Information CD-Rom E-Mail Scanner Laptop

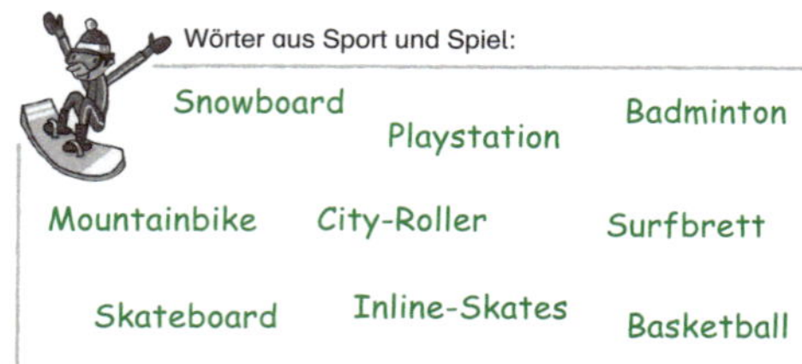

Wörter aus Sport und Spiel:

Snowboard Playstation Badminton Mountainbike City-Roller Surfbrett Skateboard Inline-Skates Basketball

Fremdwörter rund um das Essen:

Restaurant Pizza Ketchup Toast Pommes Spaghetti Chips Bonbon

② Platz für deine Fremdwörter.

Zeige deine Fremdwörter einem Erwachsenen.

Abschreibtraining

Erinnere dich, welche Schritte dir beim richtigen und zügigen Abschreiben helfen. Formuliere Sätze.

Zeige diese Seite einem Erwachsenen.

Schreibe ab.

Die Schulklasse besucht am Donnerstag die Feuerwehr. Zur Zeit ist das Thema im Sachunterricht „Verbrennung“. Die Kinder haben gelernt, welche Stoffe gut brennen und welche schlecht. Alle können erklären, wie eine Verbrennung abläuft. Feuer stellt auch eine Gefahr dar. Die Feuerwehrleute beantworten die Fragen der Kinder. Sie wollen lernen, wie ein Feuer gelöscht wird und wie Brandwunden versorgt werden.

Die Schulklasse besucht am Donnerstag die Feuerwehr.
Zur Zeit ist das Thema im Sachunterricht „Verbrennung“.
Die Kinder haben gelernt, welche Stoffe gut brennen und welche
schlecht. Alle können erklären, wie eine Verbrennung abläuft.
Feuer stellt auch eine Gefahr dar. Die Feuerwehrleute
beantworten die Fragen der Kinder. Sie wollen lernen,
wie ein Feuer gelöscht wird und wie Brandwunden versorgt
werden.

Ich kann richtig und flott abschreiben.

Merkwörter mit doppeltem Selbstlaut

① Schreibe die Wörter in das passende Bild.
Markiere alle doppelten Selbstlaute farbig.

das Meer, die Beere, der Kaffee, der Tee, das Moos, der Staat, leer, das Moor, der Speer, das Paar, der Schnee, die Waage, das Beet, ein paar …, die Fee, der Saal, der Teer, die Idee, die See, der Zoo, das Boot, die Seele

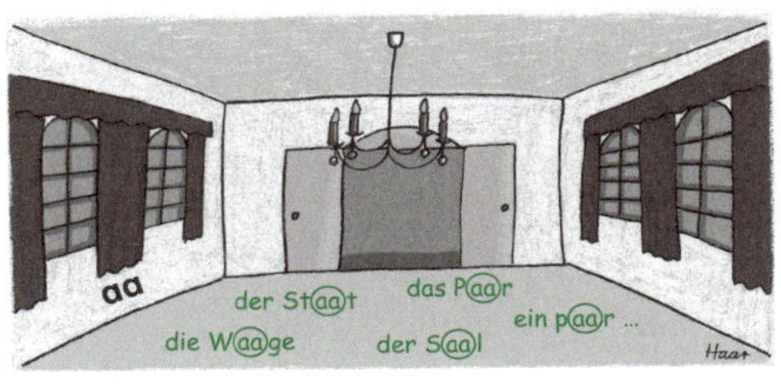

② Findest du die drei winzigen Wörter, die in den Bildern versteckt sind? Schreibe sie auf.

Klee, doof, Haar

Bärige Merkwörter

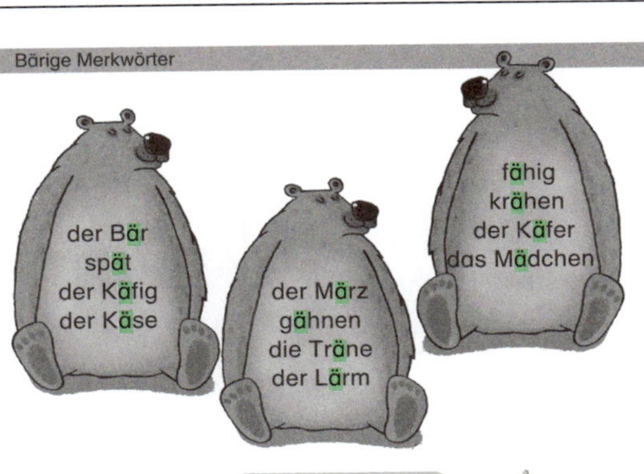

① Markiere alle **ä**.

② Schreibe die Wörter in die Zeilen.
Denke dabei an richtiges Abschreiben.

der Bär	die Träume
spät	der Lärm
der Käfig	fähig
der Käse	krähen
der März	der Käfer
gähnen	das Mädchen

Merkwörter mit langem i

① Wörterliste.
- Markiere die Merkstelle des langen **i**.
- Merke dir ein Wort auswendig und schreibe es auf.
- Kontrolliere das Wort.

mir	mir	☑
dir	dir	☐
wir	wir	☐
das Kino	das Kino	☐
das Kilo	das Kilo	☐
der Igel	der Igel	☐
der Biber	der Biber	☐
das Krokodil	das Krokodil	☐
der Tiger	der Tiger	☐
die Bibel	die Bibel	☐
das Lid	das Lid	☐

Ich habe mir viele ä- und i-Ausnahmen gemerkt.

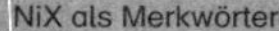

NiX als Merkwörter

Das x ist eine Möglichkeit, den ks-Laut zu schreiben. Diese X-Wörter solltest du dir merken!

① Markiere alle **x** rot.

Lexikon für Wörter mit X

der Text
das Saxofon
die Nixe
extra
mixen
die Praxis
das Taxi
die Haxe
der Mixer
der Boxer
das Lexikon
kraxeln
die Hexe
die Axt

② Im Lexikon sind die Wörter nach dem ABC geordnet. Hier nicht! Ordne du.

die Axt	mixen
der Boxer	der Mixer
extra	die Nixe
die Haxe	die Praxis
die Hexe	das Saxofon
kraxeln	das Taxi
das Lexikon	der Text

③ In den Lexikontexten fehlen die passenden Wörter.

Der Mixer ist ein Haushaltsgerät zum elektrischen Rühren.

Die Nixe ist ein Fantasiewesen, halb Mensch und halb Fisch.

Die Axt ist ein Werkzeug zum Bearbeiten von Holz.

Das Lexikon ist ein Buch zum Nachschlagen von Begriffen.

Das Saxofon ist ein Musikinstrument.

④ Denke dir zu jedem Wort einen Satz aus:

Praxis: Zeige deine Sätze

Taxi: einem Erwachsenen.

extra: ______

Ich habe mir viele X-Wörter gemerkt.

Geheimschrift

Vor über 2000 Jahren benutzte der Kaiser Julius Cäsar eine Buchstabenscheibe, um geheime Nachrichten zu verschlüsseln.

Mit unserem ABC sieht diese Scheibe so aus:

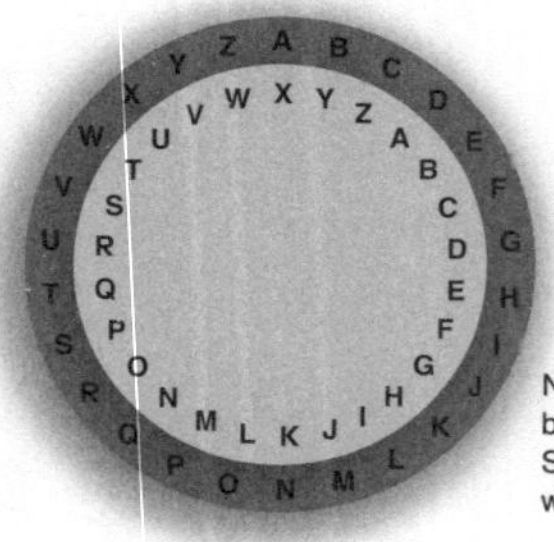

Nur wer auch eine Scheibe besitzt und weiß, um wie viele Stellen das ABC verschoben wird, kann den Text entziffern.

① Entschlüssle diese Wörter.

YXONDQ	PHKO	NDI HH	WLJHU	SUDALV
Vulkan	mehr	Kaffee	Tiger	Praxis

② Probiere selbst aus. Verschlüssle eigene Wörter.

______

③ Baue dir eine eigene Julius-Cäsar-Scheibe.
Du brauchst dazu Pappe, einen Zirkel zum Zeichnen der zwei unterschiedlichen Kreise und eine Musterklammer, um die zwei Scheiben zu verbinden.

3b. *Voll entfaltete phonemische Strategie*, z. B. lesn = lesen, manchmal Wiedergabe phonetischer Nuancen, z. B. – Phaul = Paul, – Khint = Kind.	Mit zunehmender Entfaltung der phonemischen Strategie können immer mehr Lernwörter gelernt werden. Behalten werden müssen vor allem die *Abweichungen von phonemischen Konstruktionen*, z. B. das zweite <t> in „Bett", das <e> in „liebe" etc.	Die phonemische Strategie überwiegt oft das Abrufen von Lernwörtern: phonemische Konstruktionen (z. B. Rola, komt, sie) oft auch bei Lernwörtern aus der Fibel.
4. *Entfaltete phonemische Strategie*, korrigiert durch strukturelle Regelmäßigkeiten, z. B. – les**en**, – Gab**el**.	Wie 3., zusätzliche Lernhilfe durch Erkennen von strukturellen Regelmäßigkeiten.	Ohne besondere Zuwendung der Aufmerksamkeit (Briefschreiben, Aufsätze) oft Bevorzugung von Konstruktionen über Lernwörter.
5. Wie 4., weiteres Erkennen und Anwenden von orthographischen Strukturen, z. T. explizit vermittelt, z. B. – Auslautverhärtung, – Vorsilben ver-, vor-, – Morpheme -ig, -lich, -ung.	Wie 3a. und 3b., zusätzliche Lernhilfen durch Kenntnisse weiterer orthographischer Regelmäßigkeiten, z. B. – Hun**d**, – **ver**gessen, – fröh**lich**. Leichter Erwerb von Lernwörtern.	Häufig Übertragung der erkannten orthographischen Regelmäßigkeiten auf ungeeignete Fälle („Übergeneralisierungen"), z. B. – Reze**b**t, – **ver**tig, – Str**ung** (Strunk)
6. Allmähliches Überwiegen des Abrufens von Lernwörtern über Konstruktionen („Automatisierung"); Reihenfolge der Buchstaben beim Schreiben wird aber immer noch von der gesprochenen Sprache begleitet und geleitet. Phonemische und orthographische Konstruktionen sind möglich.		

Aus: Ingrid M. Naegele, Renate Valtin, Grundlagen und Grundsätze der Lese-Rechtschreibförderung. LRS – Legasthenie in den Klassen 1–10. Beltz: Weinheim und Basel [6]2003

Im Bemühen richtig zu schreiben, beginnen Kinder, über die Rechtschreibung von Wörtern nachzudenken. Die Rechtschreib-Stars unterstützen diesen Prozess, indem sie Kinder anregen, sich auf einer Metaebene mit Sprache auseinanderzusetzen. Die Annäherung an

die rechtschriftliche Norm erfolgt individuell und nicht linear von falsch zu richtig. Fehler sind in diesem Prozess normal, sie geben Hinweise auf die individuelle Lernentwicklung.
Durch das Nachdenken über Geschriebenes wird in einem lebenslangen Prozess das individuelle Rechtschreibverständnis den allgemeinen Rechtschreibkonventionen angeglichen.

Die Rechtschreib-Stars im Unterricht

Die Rechtschreib-Stars können als unterrichtsbegleitende Übungshefte eingesetzt werden.

Mit der ergänzenden *Lernstandsdiagnose Deutsch 3 Rechtschreibung* kann auf einfache Weise das Kompetenzprofil eines Kindes ermittelt werden. Die elektronische Auswertungshilfe gibt automatisch Hinweise auf die Förderung des einzelnen Schülers, einer Fördergruppe und im Klassenverband.

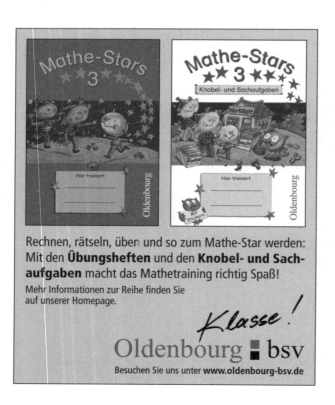

2 In diese Wörter haben sich Fehler eingeschlichen. Suche den Wortverwandten, der dir hilft, und schreibe das Wort richtig.

die Breute

verwandter Helfer: ____________________

richtig: ____________________

kreftig

verwandter Helfer: ____________________

richtig: ____________________

der Hunt

verwandter Helfer: ____________________

richtig: ____________________

er liept

verwandter Helfer: ____________________

richtig: ____________________

der Zuk

verwandter Helfer: ____________________

richtig: ____________________

das Lop

verwandter Helfer: ____________________

richtig: ____________________

korrigiert: ☆

Denke daran:
langes i meistens **ie**

1 Sprich die Wörter.
Trage ▬ ein, wenn du ein langes **i** hörst.
Trage ● ein, wenn du ein kurzes **i** hörst.

der ______ der ______ der ______ das ______

2 Reimwörter helfen dir, **ie**-Wörter richtig zu schreiben. Reime.

Liege	Tier	tief
Z ______	St ______	sch ______
liegen	sie	gießen
kr ______	d ______	sch ______
fl ______	n ______	schl ______
s ______	w ______	
riechen	Spiegel	Wiese
kr ______	Z ______	R ______
Niete	Stiel	er rief
M ______	v ______	sie schl ______
	Z ______	ich l ______

③ Schreibe die Wörter. Zeichne Silbenbögen ein.

biegen	Bilder	finden	Kiste		
lieben	spielen	Fichte	Tiere	fliegen	Stifte
Lieder	wichtig	Rinde	Fliege	Pilze	Zwiebel

bie gen

?! Sprich die Wörter in Silben. Wie endet die erste Silbe?
Fällt dir etwas auf?

korrigiert: 

1 Sprich jedes Wort in Silben.
Zeichne Silbenbögen ein.

Wiege	Diebe	Silber	Biene	binden	Friede
Hilfe	hindern	Birne	schildern	sieben	
winden	Tinte	Kriege	Firma	zielen	
frieren	schwierig	Pinsel	kriegen		

2 Schreibe die Wörter geordnet auf.

ie	i

3 Bilde zu den unterstrichenen Wörtern das passende zweisilbige Wort. Zeichne Silbenbögen ein. Markiere **ie** farbig.

Peter friert. frie ren

Du spielst. ______

Es fliegt. ______

Sie gießt. ______

Sie wiegt. ______

Sie schiebt. ______

Du riechst. ______

Ich rief. Wir ______

Sie schrieb. Wir ______

Er schwieg. Wir ______

Ich schlief. Wir ______

korrigiert:

Einfacher oder doppelter Mitlaut? (1)

1 Markiere in den Wörtern den betonten Selbstlaut orange.

2 Entscheide, ob dieser Selbstlaut kurz ● oder lang ▬ gesprochen wird. Setze das passende Zeichen unter den Selbstlaut.

●	▬
das Kissen	lesen

?! Nach einem **kurzen betonten Selbstlaut** stehen

immer ________ Mitlaute.

________ unterschiedliche Mitlaute

________ gleiche Mitlaute

das Bild	die Bretter
________	________
________	________
	________
	________
	________

③ Baue aus den Silben weitere Wörter mit Doppelmitlaut. Schreibe sie mit Begleiter auf.

Bag- Zim- -sel -dy -ger Kan- -pich

Ted- -ne Tep- Schlüs- -mer

der Bag - ger

____

____

korrigiert: 

Einfacher oder doppelter Mitlaut? (2)

Begründe mit ● oder ▬.

(1) Welche Schreibweise stimmt, ● oder ▬?

Nüse oder **Nüsse**?	●	Nüsse
Löfel oder **Löffel**?		
Besen oder **Bessen**?		
stimen oder **stimmen**?		
Tane oder **Tanne**?		
Hupe oder **Huppe**?		
sat oder **satt**?		
knaren oder **knarren**?		
fresen oder **fressen**?		
holen oder **hollen**?		
falen oder **fallen**?		

(2) Verbinde Wörter aus der gleichen Wortfamilie.
Markiere die Doppelmitlaute gelb.

die Mutter	füllen	küssen	der Knall
der Füller	voll	das Fett	die Vollmilch
fettig	knallen	der Kuss	bemuttern

3 Schreibe die Tunwörter (Verben) in der Gegenwart und in der 1. Vergangenheit auf.

kämmen	– sie kämmt	– sie kämmte	
rollen	– es ______	– es ______	
schütten	– es ______	– es ______	
küssen	– er ______	– er ______	
paddeln	– sie ______	– sie ______	
gaffen	– er ______	– er ______	
hoppeln	– es ______	– es ______	
hassen	– sie ______	– sie ______	

?! Achtung Falle!

bitten – er ______ – er ______

4 Baue sinnvolle Sätze. Markiere alle Doppelmitlaute.

korrigiert: 

tz = Doppelmitlaut

1 Markiere lange betonte Selbstlaute mit , kurze mit .

die Wurzel die Medizin die Spritze kurz

putzen das Holz schmelzen die Schnauze

die Pflanze der Blitz flitzen grunzen

die Heizung die Kerze der Pelz der Kranz

?! Was folgt auf einen langen und was auf einen kurzen Selbstlaut?

2 Sortiere die Wörter mit kurzem Selbstlaut hier ein:

lz	rz	nz	tz

Das tz ist etwas Besonderes, weil es das zz ersetzt. zz gibt es in deutschen Wörtern nicht.

3 Schreibe nun diese Wörter mit ihrem Begleiter:

korrigiert: 

1 Ordne in kurz und lang.

krank der Quark wackeln die Wolke eklig

die Schaukel spuken quieken trinken

packen die Locken spucken das Küken

● (kurz)	▬ (lang)
krank	

?! Wenn ich nach einem kurzen Selbstlaut nur **k** höre …

____

2 Schreibe nun diese Wörter mit ihrem Begleiter:

______ ______ ______

______ ______ ______

korrigiert: ☆

(1) Hier haben sich 11 Fehler bei der Groß- und Kleinschreibung eingeschlichen. Markiere die Fehler und schreibe den Text verbessert auf.

Es war einmal eine Gemeine, alte Hexe. mit ihren sieben Warzen im gesicht und dem buckel auf dem Rücken sah sie äußerst furchteinflößend aus. sie saß den ganzen Tag über ihrem Hexenbuch und suchte nach zerstörungssprüchen. Eines tages probierte sie einen Neuen Zauber aus. und wumm! Er ging daneben und zerstörte das Hexenbuch. Die alte Hexe Ärgerte sich darüber so sehr, dass sie in die luft ging …

2 In diese Wörter haben sich Fehler eingeschlichen.
Verbessere und erkläre, warum du so schreibst.

die Zige	Verbesserung: ____________________ weil: ____________________
krazzen	Verbesserung: ____________________ weil: ____________________
der Somer	Verbesserung: ____________________ weil: ____________________
taussend	Verbesserung: ____________________ weil: ____________________
die Kieste	Verbesserung: ____________________ weil: ____________________
der Sak	Verbesserung: ____________________ weil: ____________________

korrigiert: 

So kannst du Merkwörter üben.

1 Schreibe deine Merkwörter auf ein Plakat. Schreibe sie bunt, ganz groß, klitzeklein – jedenfalls besonders ordentlich. Hänge dein Plakat an einer Stelle auf, wo du es oft siehst.

2 Schreibe das Wort, das du dir merken willst, auf einen Zettel. Stecke ihn in die Hosentasche. Oder in den Briefkasten, dann bekommst du das Wort morgen „mit der Post".

3 Markiere die Merkstelle immer besonders: einkreisen, anmalen, unterstreichen, …

4 Bilde kurze Sätze oder Unsinnsätze mit den Merkwörtern, z. B. Der Zahn fährt mit der Bahn.

5 Sortiere deine Merkwörter nach dem ABC. Schreibe sie geordnet auf.

6 Ordne die Merkwörter in Verben, Nomen und Adjektive.

7 Schreibe Wörter aus der Wortfamilie des Merkwortes auf, z. B. fahren, Fahrrad, gefährlich, die Gefahr, …

8 Schreibe die Wörter in Silben gegliedert auf, z. B. Merk-wör-ter ü-ben.

9 Ordne die Wörter in einer Silbentabelle.

10 Kannst du zusammengesetzte Wörter mit deinem Merkwort bilden?

11 Übe die Merkwörter in einem Laufdiktat. Wörter auf einen Zettel schreiben – Zettel soweit weglegen, dass du hingehen musst – einige Wörter einprägen – zum Arbeitsplatz zurückgehen – aufschreiben – am Ende kontrollieren.

12 Suche einen Partner. Diktiert euch gegenseitig.

13 Richtig viel schreiben hilft. Schreibe eine ganze Zeile deines Merkworts. Oder eine ganze Seite. Oder gestalte eine Seite zu deinem Merkwort auf dem Computer.

V/v bei Ver/ver und Vor/vor

Viele Wörter, die mit V/v geschrieben werden, haben die Vorsilbe Ver/ver oder Vor/vor.

(1) Schneide die zwei Bausteine aus. Schiebe sie an der Wörterliste entlang. Baue Wörter mit den Vorsilben und schreibe sie auf. Zu manchen Wörtern gibt es mehrere Möglichkeiten.

	biegen
	brennen
	drehen
	fahren
	führen
	gießen
	glühen
	lesen
	nehmen
	rühren
	schieben
	schließen
	wechseln
	ziehen

korrigiert: ☆

ver

vor

Wörter mit V/v, die man sich merken muss

① Wörter mit V/v! Sortiere sie.

Schreibe sie in das passende Bild. Markiere alle V/v farbig.

vier	bravo	von	Vater	Vase
vielleicht	November	voll	Lava	brav
Vulkan	Vampir	vom	viel	Vogel

V/v klingt wie „f"

V/v klingt wie „w"

korrigiert: 

Markiere alle **ß**. Schreibe Sätze mit vielen ß-Wörtern.

heiß

das Floß

groß

fließen

grüßen

der Fuß

stoßen

korrigiert: 

Wörter mit **h**, die man sich merken muss

1 Kennst du noch andere Wörter mit **h**?
Das Wörterbuch kann helfen.

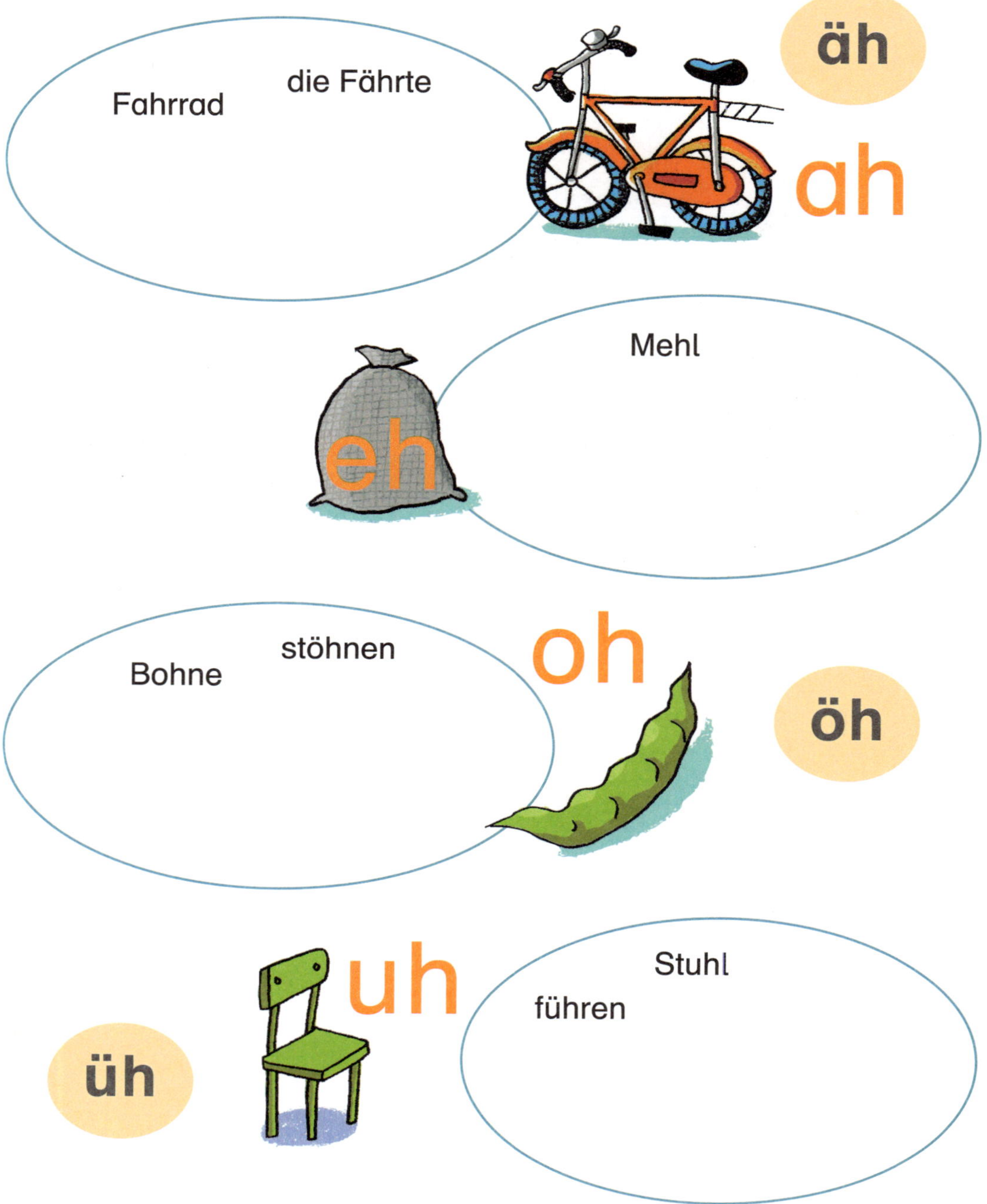

2 Übe Merkwörter mit **h**.
Suche dir Übungen von Seite 46 und 47 aus.

korrigiert:

Wörter aus fremden Sprachen

Wörter aus fremden Sprachen werden oft auch nach fremden Regeln geschrieben.
Du musst sie dir merken.

(1) Ordne die Wörter.

Handy
Pommes
Recycling
Chips
Snowboard
Mountainbike
Playstation
Programm
City-Roller
Computer
Inline-Skates
Surfbrett
Internet
Information
Ketchup
CD-Rom
Spaghetti
Toast
E-Mail
Laptop
Restaurant
Pizza
Skateboard
Badminton
Bonbon
Basketball
Scanner

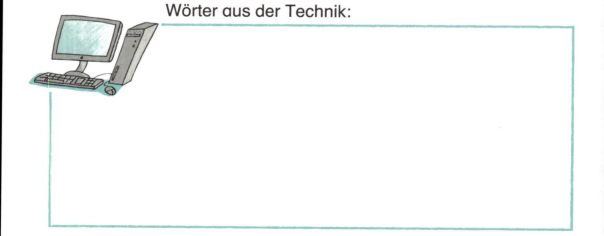

Wörter aus der Technik:

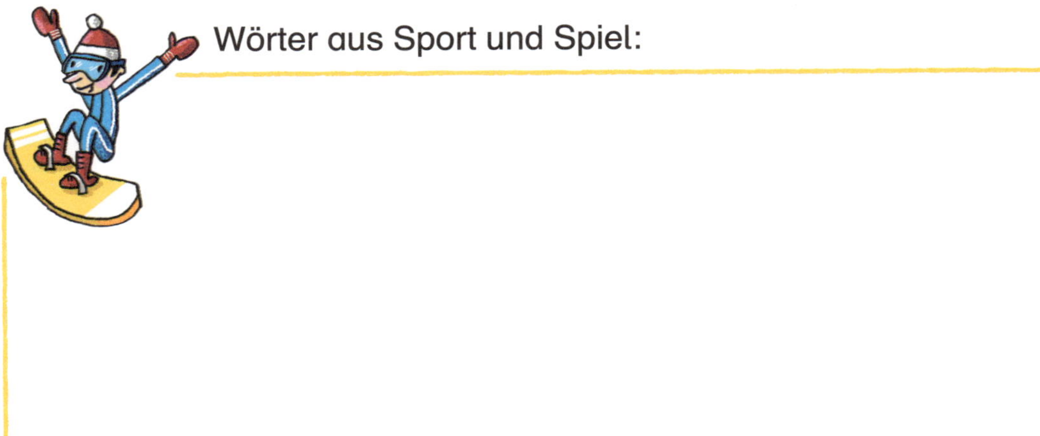

Wörter aus Sport und Spiel:

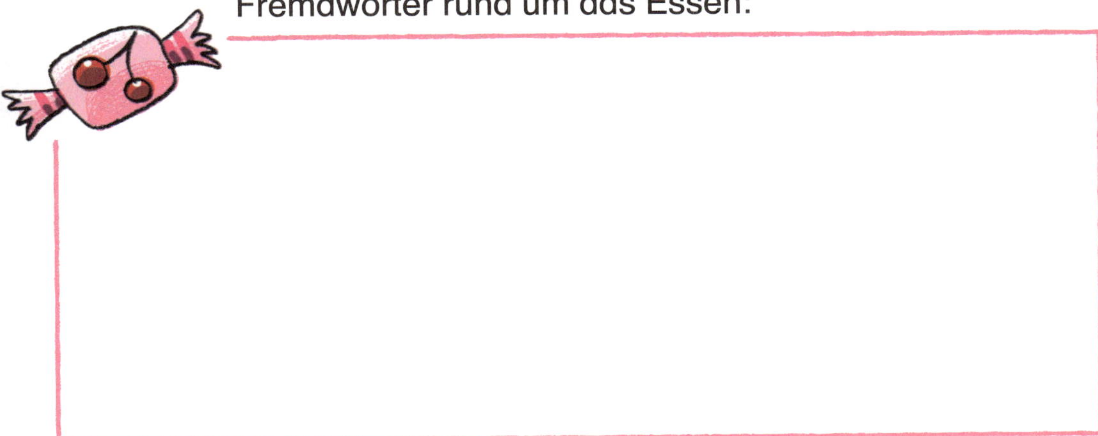

Fremdwörter rund um das Essen:

(2) Platz für deine Fremdwörter.

korrigiert: 

Erinnere dich, welche Schritte dir beim richtigen und zügigen Abschreiben helfen. Formuliere Sätze.

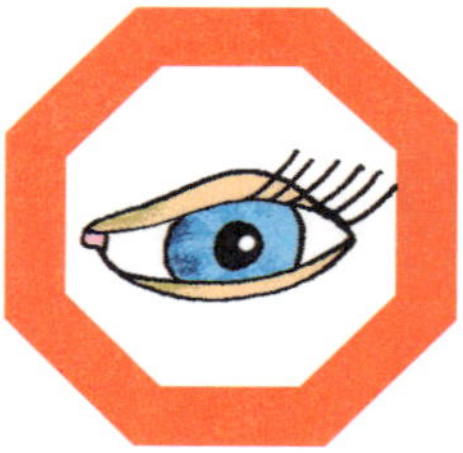

Schreibe ab.

Die Schulklasse besucht am Donnerstag die Feuerwehr.
Zur Zeit ist das Thema im Sachunterricht „Verbrennung“.
Die Kinder haben gelernt, welche Stoffe gut brennen und welche schlecht. Alle können erklären, wie eine Verbrennung abläuft.
Feuer stellt auch eine Gefahr dar. Die Feuerwehrleute beantworten die Fragen der Kinder. Sie wollen lernen, wie ein Feuer gelöscht wird und wie Brandwunden versorgt werden.

korrigiert: 

1. Schreibe die Wörter in das passende Bild.
Markiere alle doppelten Selbstlaute farbig.

das Meer
die Beere
der Kaffee
der Tee
das Moos
der Staat
leer
das Moor
der Speer
das Paar
der Schnee
die Waage
das Beet
ein paar …
die Fee
der Saal
der Teer
die Idee
die See
der Zoo
das Boot
die Seele

(2) Findest du die drei winzigen Wörter, die in den Bildern versteckt sind? Schreibe sie auf.

korrigiert: 

Bärige Merkwörter

der Bär
spät
der Käfig
der Käse
der März
gähnen
die Träne
der Lärm
fähig
krähen
der Käfer
das Mädchen
Diese Wörter mit ä haben keinen a-Verwandten. Du musst sie dir merken.

(1) Markiere alle **ä**.

(2) Schreibe die Wörter in die Zeilen.
Denke dabei an richtiges Abschreiben.

1 Wörterliste.

- Markiere die Merkstelle des langen **i**.
- Merke dir ein Wort auswendig und schreibe es auf.
- Kontrolliere das Wort.

Obwohl ich ein langes **i** höre, schreibe ich **kein ie**!

mir	mir	☑
dir		☐
wir		☐
das Kino		☐
das Kilo		☐
der Igel		☐
der Biber		☐
das Krokodil		☐
der Tiger		☐
die Bibel		☐
das Lid		☐

korrigiert: ☆

NiX als Merkwörter

Das x ist eine Möglichkeit, den ks-Laut zu schreiben. Diese x-Wörter solltest du dir merken!

① Markiere alle **x** rot.

Lexikon für Wörter mit X	
der Text	die Haxe
das Saxofon	der Mixer
die Nixe	der Boxer
extra	das Lexikon
mixen	kraxeln
die Praxis	die Hexe
das Taxi	die Axt

② Im Lexikon sind die Wörter nach dem ABC geordnet.
Hier nicht! Ordne du.

die Axt

3 In den Lexikontexten fehlen die passenden Wörter.

Der ______________________ ist ein Haushaltsgerät zum elektrischen Rühren.

Die ______________________ ist ein Fantasiewesen, halb Mensch und halb Fisch.

Die ______________________ ist ein Werkzeug zum Bearbeiten von Holz.

Das ______________________ ist ein Buch zum Nachschlagen von Begriffen.

Das ______________________ ist ein Musikinstrument.

4 Denke dir zu jedem Wort einen Satz aus:

Praxis: ______________________

Taxi: ______________________

extra: ______________________

korrigiert: ☆

Vor über 2000 Jahren benutzte der Kaiser Julius Cäsar eine Buchstabenscheibe, um geheime Nachrichten zu verschlüsseln.

Mit unserem ABC sieht diese Scheibe so aus:

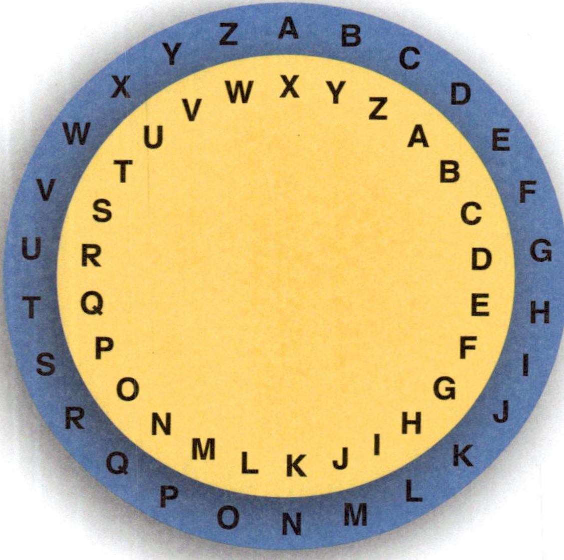

Nur wer auch eine Scheibe besitzt und weiß, um wie viele Stellen das ABC verschoben wird, kann den Text entziffern.

① Entschlüssle diese Wörter.

YXONDQ PHKO NDIIHH WLJHU SUDALV

________ ________ ________ ________ ________

② Probiere selbst aus. Verschlüssle eigene Wörter.

____

③ Baue dir eine eigene Julius-Cäsar-Scheibe.
Du brauchst dazu Pappe, einen Zirkel zum Zeichnen der zwei unterschiedlichen Kreise und eine Musterklammer, um die zwei Scheiben zu verbinden.

korrigiert: